紹興大典

史部

同治嵊縣志 5

中華書局

嵊縣志卷二十三

記

金庭觀晉右軍書樓墨池記　　唐　裴通

越中山水奇麗剡爲最剡中山水奇麗金庭洞天爲最洞在縣東南循山趾右去凡七十里得小香爐峯峯則洞天北門也谷抱山闕雲重煙巒迴互萬變清和一氣花光照夜而常晝水色含空而無底此地何事常聞異香有時值人從古不死眞天下絕境也有晉代六龍失馭五馬渡江中朝衣冠盡寄南國是以瑯琊王羲之領右軍將軍家於此山書樓墨池舊制猶在至南齊永元

三年道士褚伯玉仍思幽絶勤求上元啟高宗明皇帝於此山置金庭觀正當右軍之家書樓在觀之西北維一間而四顧徘徊高可二丈墨池在殿之東北維方而斜廣輪可五十尺池樓相去東西計之纔可五十餘步雖形狀卑小不足以壯其瞻玩而恭儉有旨斯可以示於將來況乎處所遐深風景秀異契逍遥之至理閟鸞鶴之參差其金庭洞天即道門所謂赤城丹霞第六洞天者也按上清經洞天在天台桐柏山中辟方四十里北門在小香爐峯頂人莫得見之樵夫往往見之者或志以奇花異草還報鄉里與鄉里同往則失其所志也

過此峯東南三十餘里石竇呀爲洞門卽洞天之便門也人入之者必贏糧秉燭結侶而往約行一百里二百里多爲流水淤泥所阻而返莫臻其極也通以元和二年三月與二三道友褁足而遊登書樓臨墨池但見其山水之異也其險如崩其聳如騰其引如肱其多如朋不四三層而謂天可昇經再宿而還以書樓闕壞墨池荒毀話於邑宰王公王公瞿然徵王氏子孫之在者理荒補闕使其不朽卽事題玆實錄而已

沃洲山禪院記　白居易

沃洲山在剡縣南三十里禪院在沃洲山之陽天姥峯

之陰南對天台而華頂赤城列焉北對四明而金庭石鼓介焉西北有支遁嶺而養馬坡放鶴峯次焉東南有石橋谿谿出天台石橋因名焉其餘卑巖小泉如子孫之從父祖者不可勝數東南山水越爲首剡爲面沃洲天姥爲眉目夫有非常之境然後有非常之人棲焉晉宋以來因山洞開厥初有羅漢僧西天竺人白道猷居焉次有高僧竺法潛支道林居焉次又有乾興淵支道開威藴崇實光識斐藏濟度逞印凡十八僧居焉高士名人有戴逵王洽劉恢許元度殷融郗超孫綽桓彥表王敬仁何次道王文度謝長霞袁彥伯王蒙衛玠謝萬

石蔡叔子王羲之凡十八人或遊焉或止焉故道猷詩云連峯數十里修林帶平津茅茨隱不見雞鳴知有人謝靈運詩云暝投剡中宿明登天姥岑高高入雲霓還期安可尋蓋人與山相得於一時也自齊至唐茲山寖荒靈境寂寥罕有人遊故詞人朱放詩云月在沃洲山上人歸剡縣江邊劉長卿詩云何人住沃洲此皆愛而不到者也太和二年春有頭陀僧白寂然來遊茲山見道猷支竺遺蹟泉石盡在依依然如歸故鄉戀不能去時浙東廉使元相國聞之始爲卜築次廉使陸中丞知之助其繕完三年而禪院成五年而佛事立正殿若干

間齋堂若干間僧舍若干間夏臘之僧歲不下八九十安居遊觀之外日與寂然討論心要振起禪風白黑之徒附而化者甚衆嗟乎支笠歿而佛聲寂靈山廢而法不作後數百歲而寂然繼之豈非時有待而化之有緣耶六年夏寂然遣門徒僧常贇自剡抵洛持書與圖詣從叔樂天乞爲禪院記云昔道猷肇開茲山後寂然嗣興茲山今樂天又垂文茲山異乎哉沃洲山與白氏其世有緣乎

按一統志沃洲山高百餘丈周十里北通四明山下統大溪與天姥對峙道書以爲第十二福地唐懿宗時王式平裘甫遣兵拔沃洲寨即此在新昌縣東二十五里而太平寰宇記則以沃洲山屬嵊縣蓋嵊自

梁開平元年吳越王錢鏐始析剡城縣東十三鄉置新昌縣其縣治乃剡之石牛鎮則五代以前沃洲固剡地也故錄茲篇以識舊域

周汝能天香亭記

宋　王十朋

剡中佳山水爲東南州之眉目汝南周君堯夫得爽塏於剡山之陽挾雙溪之勝而家其上廣廈沈沈在剡爲甲有巖桂數百根皆古木也蒼然成林森然而陰洞然而深闢徑通幽而亭乎其中主人日與客遊焉如入宜人之林而夏不知暑如登飛來之峯而香飄自天如騎蟾蜍浮兔宮而下視人間世眞剡之絕景也予丙子冬過剡把酒是亭時堯夫將戰藝南宮予因目之曰天香

明年春果擢巍第與予爲同年友堯夫命予記之而未暇逮今七載每移書必及之乃爲之言曰學者方未第志在乎得耳得則喜失則悲故以登科爲化龍爲折桂春風得意看花走馬晝繡還鄉世俗相歆豔曰仙子天上歸也是特布衣之士詫一第以爲天香耳若夫學士大夫所爲香者則不然以不負居職以不欺事君以清白正直立身姓名不汚干進之書足迹不至權貴之門進退以道窮達知命節貫歲寒而流芳後世斯可謂之香矣唐宋璟以芬香勉張説漢李固以糞土視胡廣趙戒名乎名乎科第爵祿云乎哉堯夫筮仕有能聲且挺

挺好議論時事遠大未易量予方以名節相期必不負所以名亭者矣堯夫又能樂敎難弟諸子皆力學行見棣蕚聯芳芝蘭並秀濟濟詵詵天香滿門不止燕山之竇而已然科第之香孰如名節之香堯夫又當躬行以率之也

周瑜淵源堂記　　王十朋

孟子曰君子深造之以道欲其自得之也說者因孟子之言論淵源之學本乎自得非傳授所能嗚呼是究孟子之所言不究孟子之所不必言也夫欲造道於未得之前不資諸師友可乎未有舍師友而自能深造者此

孟子所不必言者也孟子知性本善知道莫大乎仁義爲七篇書其自得有如此者世之學者多矣自得者鮮父兄之教子弟固非無師友也命之之意鮮有及乎道學之淵源者望其深造自得可乎周君手誡子孫曰親師友之淵源噫君之家訓過人一等矣慮子若孫懈而弗遵爲名其堂且記其事

修學宮記

周汝士

簿括蒼江公尉臨海謝公視事之初謁夫子廟歷視傾欹上漏下濕諸生無所歸因愀然曰政孰先於此同心之言其應如響於是定規模審材用聚餱糧命徒庸徹

者葺之壞者新之課有限試有法誘掖不倦發於至誠諸生激昂日進於學剡之文治熠然一變葢數十年未有也古之仕者以其所學後之仕者以其所不學古之學者一毫未信而使之仕雖聖人有所不能後之學者幸而入政往往視所學爲空言漫不知省日從事於斯吾知爲政而已矣不知所學爲何事也昔魯脩泮宮從公於邁無小無大蜀起學宮邪人向化鴻儒奇士閒生特起與時撥藻天庭淵源四海如游夏輩可不知所自耶

遷建學宮記　　高似孫

嘉定七年史安之行尹事三歎舊宮荒廢士失肄業相剡山庚兌之隅樂其崇峻開敞山水明美如杜子美所謂剡溪藴秀異李太白所謂剡水石清妙者迺匠新宇巘巘巍巍志於鏗風教琢翹楚也嗚呼作學非難也繼難也繼非難也知爲難也然豈無知者乎晉湛方生修學教曰嶺舉雲霞之標澤流清曠之氣山秀水清荆璞在茲剡山水有之魏曹植孔子廟頌曰修復舊廟豐其甍宇莘莘學徒爰居爰處王教既備永作憲矩剡學者圖之

新學記

袁燮

嵊古剡也杜少陵詩云剡溪蘊秀異欲罷不能忘夫秀異之氣周流磅礴鍾爲人物必有資稟英粹爲時翹楚者其可輕哉爕元職成均日延四方士相與欵語觀其爲人品彙雜然未易枚舉人才之生何地蔑有今猶古也維古盛時待士甚厚長養磨淬不厭不倦艮心德性日益著明於是皆爲善士隨才器使有功有業即今之士類而以古人長養磨淬之道與之周旋遲以歲月亦當有不可勝用之才不惟膠庠如是抑郡若縣之學皆能用是以淑士類躍然奮發者亦必多有任是責者不可不勉四明史侯之爲嵊宰也悼學宮之壞棟撓柱欹

岌岌將壓俊秀朋來肄業無所即以身任之節浮冗室滲漏與主薄徐君議罔不合事由是集舊學在城隈地非爽塏氣鬱不舒周覽以求勝處乃得今地臨流負山面勢宏傑經始於去秋而告成於今春自大成殿至兩廡重門自明倫堂至東西齋序自倉庫至庖湢凡屋百間堅壯軒豁遂成偉觀士業其中雍雍愉愉有雲飛川泳之適侯及主薄君皆有書來屬爕識之爕不敢辭侯名安之字子由太師之孫今丞相之從子生長金玉淵海之間益自砥礪不溺豪習而留意於學宮如此可謂知本務矣諸生何以報稱亦惟有志於道靜觀此心與

天地同本與聖賢同類我欲爲善誰能禦之充火然泉達之端謹梏亡茅塞之戒更相磨厲儒風大振則侯之至望也尚勉之哉

新學記　　　　周焱

嘉定甲戌春四明史侯作新學宮面勢雄豁甍宇崇壯閱三十餘載永邱侯領縣事謁拜竟歷顧而歎曰美哉史侯之所爲不圖儆圮之至於斯也昔史侯相地鉏山撰築堂廟鱗鱗櫛櫛百楹相扶士業其中日進於學擢儒科遊辟雍者率由斯出文風彬彬一時焕映作成淬礪之效也積久不葺風簷雨障破漏傾欹梁柱棟支苔

蕪蘚湮朔望奠謁往往相顧惟懼殫財動衆不敢屬意焉水邱侯來憫史侯創建之難朝籌夕度勇然是圖凡集同僚必加咨審暇日訪吾兄弟曰學校風化所繫吾當身爲之子其翼我以嗣斯舉抑成子之先志傾倒已俸鳩工集材於是腐者折者頹者壞者窒而弗宣闕而弗具者迺拓迺易迺立迺理工將就緒而侯去矣既去書尺旁午諄諄乎猶不能忘情吾兄佐少仙畢其役前人規模至此脩復溪山振采秀氣蔚擎吁游於斯者盍思侯之所以然一趨嚮厚涵養廣聞知精進乎高明光大之域以副侯之所期則史侯不得專美於前矣侯名

袤字子長錢塘人自登進士第涖官著政聲愷悌詳明
溫恭律已不苛不擾惠洽令孚再考成資引嫌而去一
意學校人皆稱之是役也決其議相其成不以候去留
而解者尉凫磯施復孫也叶贊裁審董隸其事者吾兒
爕也摭其實以筆於石者城西學者周焱也

校官記　　解南翔

理宗皇帝之三十六年改元景定越三年縣立之師门
主學壬戌之秋南翔昉由部邀調縣學掾嵊古邑也今
豐沛邑也山川人物之秀異爲天下最南翔不敢不職
其職以對揚休命三年滿將代進諸生語之曰春秋法

始事必書可無以告來者諸生曰何居曰在學言學吾明告子古者大道爲公自王宮國都以至比閭莫不有學春秋以前縣大郡小當時一縣不知幾閭也姑以一閭言之二十五家之中坐左右塾有兩師焉則是一縣又不知有幾師也戰國而後郡大縣小塾教法廢而兼并起漢唐舉法密教法疎郡國之貢不存閭塾之教不復思古君子未嘗不痛恨也國朝跨漢軼唐追三代而從之郡國置學自慶歷始縣置主學自景定始嗚呼盛哉我仁祖四十二年之治先皇帝四十一年之治與三代同風其以是夫南翔忝創員之首深懼曠瘝上以負

天子下以貢所學汲汲然不敢怠講説惟精考課惟公非周孔顔孟之説不敢言以薫以陶駸駸鄒魯規模立矣廨宇創矣講會設矣先賢之祠宇建矣繼廩繼庖亦足以養廉矣由此而菁莪以育之釆芑以新之棫樸以官之人才其不三代乎今天子聰明仁聖師道立而善人多三代之盛諸生身親見之咸淳二年丙寅七月記

四明山石窗記　元　許薦

余頃過天台石室訪青蓮君於子微子與游金庭玉宇擘麟脯飲流霞酒朗吟明月下視人間風雨厭厭也一贈我以五色石曰余藏此久未嘗示人此可以補天文

章畜之室耿耿有光能驚眼目走神鬼也一惠余以龍根草形狀宛轉曰餓可削而食比塵世矜五鯖詫翠釜紫駝峯曜素鱗於水晶盤者若蛆璺浮羽蟻孔腐股屑屑米粒蟲睫不足食也四明山第九洞天涼瀑飛夏雪芳草開冬花危磴梯空深雲絕壑怪石靈樹瓌異萬狀巖巖峩峩人迹所不到之地風露高寒玲瓏四壁非玉而玉非瓊而瓊石窗四開通明透白子宜主之遼夜一鶴清淚碧霄足醒醉夢闕巖坑洄一湫深不知其幾千萬丈下納一龍蟠伏霧水澤澤其畊蘇蘇而炎可起之以召霹靂而逐虐魃大作霖雨以沃焦株活槁根也唯

唯笑領一別又若干年矣余之居是窗也而少有識者不知青蓮君子徵子更何時會耶偶逢陽明山人與之言謂余記其事繫之詩詩曰玲瓏九洞天壁石四明山曉檻煙霞暖夜窗風露寒龍吟眠正熟鶴唳飲方闌塵世無人識關門煮白丹

西幽莊記　　高明

史君子受居剡溪邑中有別業在剡之西築室數間作樓讀書因名之曰西幽莊余來越中子受以書來徵余記之且敘其風土之美曰是莊在剡之相郁面太白峯控引沃洲天姥四明諸山聯嵐湧翠角奇獻秀來集戶

隔間其旁則原泉觱沸下爲蒙谷灌木蓊藹貯蓄風露水下趨爲松徑縈帶左右其前則平田廣衍龍鱗差次衆綠萬頃傾蕩天影每積雨新霽烟霏廓斂行吟曳杖徙倚山徑間則見夫稼者佃者饁者漁者牧者蕘者負販者逐禽者扶攜以遊者負劍以歌者或行或趨或立或踞或歌於途或倚於樹或息於石或濯於水熙熙焉忘其行役之勞也逮夫日之既夕羣動咸息掩關嚮晦燎燭誦詩忽睃月自溪上出光浸軒楹涼飈飀飀回翔林薄振擊松桂露瀼瀼白石壁下飛灑飄拂樓居之人神澄骨清嗒然若與世相違也是邨居人僅百餘家其

人皆敦龎樸厚力穡務本以爲俗租更賦算輸無後時不煩里宰樹有桑栗畜有雞豕釀黍以爲酒斵山以樹蔬粱溪以得魚歲時社蜡膢臘礫牲醲醪作樂享神相與飲食飫樂休休焉又忘其終歲之勤動也吾因愛類夫豳詩七月之所云者遂以西豳名焉願與我發其義余覽書而歎曰旨哉西豳之名也夫豳之爲俗用天道因地利務耕稼事蠶織敦人倫尊君上公劉所以基王業也孟子之論西伯之善養老與王道之始終亦不過此而已周禮廢王迹熄籥章土鼓之樂豳頌豳雅不復用於迎寒迎暑矣況能存其舊俗之美乎後之爲政者

苟能使其民皆爲豳民之俗天下其庶幾乎今子受築室命名不以草木不以雲物不以山川而取西周之豳士其意蓋深喜古人之遺俗猶幸有存者惜乎今之民不能皆如豳民之俗也余知其意有在焉故爲著之吾黨之士苟有志於古人之治道者其必有取於西豳者也

菑耕堂記　明　錙續

剡源錢君士安君子人也嘗取賀水部但存方寸地菑與子孫耕之詩語以菑耕名其所居之堂屬予爲之記予惟方寸地者心也心統性情者也人生而靜其性本

無不善一爲物欲所蔽則心馳於外而遂喪其本然之天方寸之地於是乎蕪矣飲食男女以爲之螟螣榮名利祿以爲之根荄潛滋暗長肆其蠹蝕而善根之存者無幾惟君子爲知所以存之能存其心則能養其性能養其性則能事事合理而不違乎天矣存之之方何也有詩書以爲之耒耜有禮樂以爲之畚鍤滋之以仁義之淵培之以道德之腴用其力而無間吾將見其靈苗嘉穀日榮歲稔不惟可以飯其身而且可以飯其子孫是雖方寸之小而四方之廣不足爲其畔岸八紘之大不足爲其畛域地孰有過於此者哉昧者不知務此未

耜不修，畚鍤不治，而且炎欲火以涸其淵，肆情刄以戕其腴，奪人之利以利己，肆己之毒以毒人，彼方熙然以爲得計，而不知造物者已陰禦默概於冥冥之中矣，是其身且不能免，況望庇及其子孫邪？善哉錢君以是名堂，誠可謂知言者矣。然知言非難，而踐其言爲難，人之以是名堂者夥矣，徐考其行於操存之道，果能無歉於方寸間乎？故曾子謂君子必愼其獨。錢君篤厚而諒直，雅以積善稱於鄉，是蓋爲能愼其獨者。然君能以是地貽之子孫，而不能代其耕，子孫苟能修其耒耜，治其畚鍤，服力弗懈，毋俾涸其淵而戕其腴，則錢氏之大有年於斯雖百世之遠可卜也詩曰貽厥孫謀以燕翼子錢君有焉詩曰無念爾祖聿修厥德錢氏之子孫其尚慎懋之哉君名晴甯士安其字也宋嘉興軍節度使僉判弼之七世孫三子沛洙泗皆讀書尚義孝友克家能世守其業云

張思齊菊趣軒記　方孝孺

人嗜於物必有樂乎物樂焉而勿厭非深有得乎物之趣者不能也好權者之於位慕利者之於財竭思慮殫歲年孜孜求之而不止彼其爲趣亦有所樂矣而曠達之士以爲非孟嘉之於酒阮孚之於屐支遁之於馬畢

世之所尚者不足以易其好其所得之趣亦可謂深矣而高潔之士未免以其所樂者爲累蓋人之心不可繫於一物苟有所繫而不能釋雖逸少之於書元凱之於左傳李賀賈島之於詩當其趣之自得以爲雖萬物莫能易及其流於玩物而喪其天趣則與好世俗之微物者無以異惟君子之知道者則不然在我之天趣可以會乎物之趣已有以自樂而不資物以爲樂召公之卷阿曾點之舞雩是曷嘗有聲色臭味之可以適乎情而快乎體哉縱目之頃悠然有會乎心忘己以觀物忘物以觀道凡有形乎兩間者皆吾樂也皆有趣也而吾心

未嘗畱滯於一物也夫是之謂得乎天趣後之士知聖賢君子之樂者蓋有矣吾嘗於陶淵明有取焉淵明好琴而琴無絃曰但得琴中趣雖無音可也嗟乎琴之樂於衆人者以其音耳淵明并其絃而忘之此豈玩於物而待於外者哉蓋必如是而後可以爲善用物會稽張公思齊氣清而志美好學有長才少喜淵明之爲人嘗別業於玨芝之山中種菊釀秫名其居爲菊趣軒及遇聖天子擢爲陝西布政司左參政去林壑而處公署之崇嚴覩園林之靚麗無復隱居之適矣猶揭菊趣之名不變或者疑之予以爲琴而無絃猶不害淵明琴中之趣

公茍得菊之趣豈問身之隱顯與菊之有無哉菊之爲物揚英發秀於風霜淒凜之際有類乎盛德之士不爲時俗所變服之可以引年於澤物濟世之功又有類焉公之趣誠有得乎此處富貴而勿盈臨事變而不懾御繁劇而不亂推其所得者於政使數千里之民樂生循理躋乎仁壽之域則公之樂果有出於菊之外者矣夫樂止夫物之内者其樂淺樂超乎物之表者其樂深淵明之屬意於菊其意不在菊也寓菊以舒其情耳樂於物而不玩物故其樂全得乎物之趣而不損己之天趣故其用周嘗試登公之軒誦淵明之遺言而縱談古人

之所樂則夫淵明之趣果屬之公乎屬之我乎倘幸有以語我哉

張遜直內齋記

方孝孺

人之受於天者均也聖人與天同德而衆人至於與物爲徒可不知其故哉於此有泉焉其發源同其潔瑩甘美同其一注之金玉之器而庋之冪之塵埃無自而侵則其明可以察毫髮其味可以薦鬼神與其發源之初無以異其一入乎淤泥積潦之溝牛馬之所踐鳧鶩之所浴汙穢之所集而莫或藩捍澄治之則雖欲不異乎其初弗可致矣聖人之質金玉之器也而又以禮爲庋

以敬爲冪持之以兢兢之畏守之以翼翼之恭是以其中心渾全無所虧蝕其德卽天德也其道卽天道也其語默進退出處久速舉措設張後乎天者不違乎天而先乎天者天不能違也故聖人之質旣美而又有自新之具其所合乎天者豈偶然哉若夫常人其質固已不美矣天理之所在嗜好汩之於內利害鉥之於外聲色臭味爵祿名勢所以穢汚之者非一端而又重之以怠肆放之以邪僻彼安能復同於天而不變其始哉其與物相去不能分寸者不知自新之學故也夫聖人之與庸人其質之不侔固有由然矣使衆人亦以聖人自新

者治其心而加謹焉雖未至於聖其有不至於君子者乎此余於會稽張君遁之名齋而喜其有志也張君之質過衆人甚遠而好學慕古道取孔子釋坤六二之言以直內爲齋居之名夫敬爲復善去惡之機天理之所由存人欲之所由消也故人能一主乎敬寔與之間儼乎若上帝之臨造次之頃凛乎若圭璧之奉妄思邪慮罔或萌蘖其中而皆發於義也以之事父則盡乎孝而非欲人稱已之孝而爲之也以之事君則致其忠而非願人富貴華寵而爲之也操之而不失則內直內直則外方者在是而聖人之天德可庶幾而至矣故曰直方

大不習无不利則不疑其所行也學而至於不疑其所行非幾於聖而能之乎嗟夫夫人皆可以與天同德而不知主敬以明善斯有志者之所以爲難能與若張君者獨能取古人之學以自勉非有志而能然歟予也固志乎道而未至者焉得不與君言之而且以自警也歟

王鈍愛日堂記　呂原

予惟天下之道莫大於孝孝莫大於愛親愛親而至於愛日愛之深者也故揚雄氏云事父母自知不足者惟舜乎不可得而久者事親之謂也孝子愛日夫日一晝夜而行天一週而常以三十日會於月又三百六十日

而會於天亘古今未始一時息也然則孝子曷爲愛夫日誠以大之日無窮人之日有限況人生上壽不過百歲其爲日不過三萬六千耳親之壽日多一日則子之事親日少一日懼來日之無多惜此日之易過雖欲不愛烏得而不愛耶希敏之母壽已入袠其於上壽蓋不難至苟慕斗祿而曠定省之勤離膝下而勞倚閭之望人子之心其能恝乎此其所以深有感於雄之言也茲歸日用之間事父母之際得一日必竭力盡情以務職分之所當爲恐恐焉恒若有今日無明日不敢自暇自逸則於所謂愛日者誠無負矣宋王介甫詩云古人一

日養不以三公換斯言也請朝夕共警焉

修學宮記　夏雷

天下之治系人材人材之出系學校學校興廢系有司之賢否故朝廷責以守令六事此爲之首銓考守令殿最此爲之先也則居是職者孰不欲舉是職哉顧往往頹垣敗壁於榛棘中使諸生肄業無定處政坐賢才之弗逮爾宏治戊午秋嘉定徐侯尹嵊三年度民可使矣於是以學舍朔望之所視所當修繕而增創者校於懷中服日偕邑博相度首詢聖廟環視兩廡前顧泮池曰咏歸亭壅聖道非古之制且悉其餘曰祭器不足齋舍

不立衙宇不宏射圃不葺皆今日之所當亟者也侯翌日發帑市材鳩工斲削展日甃砌運甓壘覆剔大木數章支翻梁遷亭竪樓凡十楹增置祭器鑪瓶凡三事爵凡二十桌凡十二乃涓日告成而落之

警齋記

羅玘

警齋記予記也予爲徐信夫記之也信夫何警乎予知之警生於有心土石草木之無心莫之能有警其非動物故也雖動物之有心有有警者有無有警者有有警亦若無有警者鳥有之不能爲巢居他之巢至其自爲則墮卵殰雛焉是之謂鳩拙畜有之見虎而逐叢角而

觝以遺虎飧是之謂羊狠獸有之見木而登且登且下而卒亦莫之能上下是之謂猶豫鳥又有之俯而啄仰而四顧鷴過之過也彈過之過也是之謂鳥警其於人也在鳩拙爲蒙爲木强在羊狠爲自羅於辜所謂有無有警者也在猶豫爲太早爲多心所謂有有警亦若無有警者也在鳥警爲常惺惺所謂有有警者也今夫鳩拙之與羊狠同於無警者也而世之人有以鳩拙自退者乎爾爲羊狠敗焉後之懲者則又警之太甚持之太固於是有猶豫焉者悔釁之囮也猶豫之警非警也非固爲警也有待焉時然後警焉其惟鳥警乎是之謂善

警嗚呼信夫之警其亦有取於是也乎然予又感夫鳥微物也俛而啄取而養其生仰而警焉以避其害於鳥可也而君子之居人上也其亦有俯而取乎則十目覩焉十手指焉而害斯至矣雖有百警其可乎哉今夫龍非不昭然靈矣然以其有所嗜取也人得而擾之亦得而醢之若鳥獸然以龍之靈而豈無警乎警不足恃也或曰龍以嗜取辱非警與嗜取之罪也則予不能知矣然信夫方持是警爲宰以臨嵊民予記警齋者不可以不告

應氏捨地儒學記　　魏驥

義有所當爲不爲是未觸其機也爲之而不抵於有成是不能充其浩然氣也世固有知義之所在而勇於自進者由其篤好而能行其志也一有匿情於他以濟私或淫於佛老以希福是皆不知其義者也夫既能自勉而又有鼓舞作興而出之者宜其進之之勇而不俟於勉強也嵊邑學宮戟門外泮池窄狹櫺星門達通衢無道正統間郡守漢中白玉偕知事淮陰丁傑蒞邑釋奠先師顧瞻咨嗟乃命邑宰孟文縣丞方顯觀署學事訓導詹項治書遺庠生陳景青老劉克振裴彥功等禮請地隣戟門之人應君溫遠至學宮以重直買之溫遠辭

不受曰地果利於學願悉獻於庠爲一邑士人之幸金帛非所願也退集昆弟叔永季方叔禮公義等莫不慨然無吝容迺籍其地以畝計者四長以丈計二十有七廣不及者三之一高者夷之低者塡之移櫺星門於外鑿泮池於内遵定制也於是面勢正地位廣使臣以悅士心以慰且學校教育成就人材之地爲有司者不可一日而不議今應君溫遠胸次開敏識見超越不以利爲議而以義爲重其爲人不亦遠且大乎昔范文正公居地於南園術者曰此地當世出公卿文正曰一家之榮孰若一郡之榮哉遂告於郡守以其地葢學宮於

是姑蘇之聰明才彥文章政事之士莫不後先彪炳彬彬輩出而敦大裕重見用於時名聞於後應君有洞見絕識見義必爲與文正公媲休矣孟子所謂有爲者亦若是今應君猶子尹孫旭皆肄業於茲則聖人在天之靈必有協相而期其融顯者尚冀同遊之士鋭志經術研覃理趣以誠敬爲本而明其體以踐履爲事而適其用君臣父子之大禮樂忠信之敎皆天之所以畀我而學者所當黽勉以求復之若其掇科取士演絲綸贊宥密又在推行之餘殆見一邑之士聲光充溢如鸞鳳之翔簫韶之鳴以黼黻文明之治於應氏廣學之基得無

有助乎豎石戟門特記其績以垂諸永遠也於是乎書

學田記　　趙錦

古者自公卿以至庶人無不授田之家士生其時不惟其出於公卿大夫之後而其發於畎畝之中者亦無不得其養內之無饑寒以亂其心而外之有庠序之教師儒之聯風俗之美以磨礲浸灌之故其成德之盛濟濟藹藹賓興之典書不乏其人人不愧其書嗚呼士生其時抑何幸也井田廢而兼併行於是民始失其養矣民失其養而士有不免於饑寒者矣庠序之教師儒之聯非古也祿利以爲榮而詞章以爲尚外無所以厚其成

而内有所以奪其志士生其時而卓然自立而不受變於俗者蓋千里而一遇之矣孟子曰無恆產而有恆心者惟士爲能以之立教而勵士則可非爲人上者所以養士之道也古之學校莫可詳已未聞别有田也學之有田其昉於後世書院之興乎宋仁宗時嘗賜兖州學田其後有司者間亦置田於其學以濟既廪所不及嗟乎古無養士之田而士無不養後世嘗有田以養士而士猶有不遂其養者然則學田殆衰世之意也非古之所以養士也雖然居今之世而欲望隆古之盛使天下匹夫匹婦無一不遂其養者而士與於其中不可得矣

有士焉而不知所以養之又使不免於終窶之歎其可乎故有能體念乎學校而優爲之制者賢有司也知其所重者也嵊學舊未有田萬歷初始有田十餘畝今令尹冉徒姜侯克昌來視邑事慨然以興起斯文爲己任踰年政修而人和始新文廟已又爲置田五十畝有奇以聞於學使劉公東星郡守傅公寵咸嘉允之而學博章君木傅君遜王君汝源弟子員胡生夢龍尹生汝陽輩以告於余請記其事余故維古之所以養士以明姜侯之賢俾後之涖兹士者有所考鏡且以告嵊人士其必知所自養而後足以膺公田之養云

學田記　周汝登

昔三代盛時田皆井授上無養士之特名而士無不養王迹熄井制湮士農分業而世始有無田之士吏士異勢而士遂有終窶之嗟其所由來非一日矣國朝稽古建學聯師儒定旣廩育才造士不爲不裕第膳有定額而時課弗充也額有定員而貧乏弗給也故學另設田非古然所以善通古法之窮以佐旣廩之不及者惟學田爲最良焉我邑侯王公來視嵊其諸農桑戸田賦役訟獄之政靡不悉心經制碑之衆口者眞藉藉不容喙而作興學校注意本源之地尤根夙心曩公纔下車即

進諸士約期以脩行滌田毋荒故業優其厨廩勸其課試時省其精疎而躬加飭勵焉意良厚矣侯又以所舉有時所及有限而所行待人非經久之規也於是又度鹿苑廢弛寺田百餘畝籍之學宮歲入其稅以供筆札充庖饌羸其羨以賑士之貧乏不堪者婚喪不舉者侯之爲士養計也抑何周徧而久遠之若是哉時丁酉余以南銓叨憲嶺表銜命還梓里與議山川風氣實關士運侯遂慨建兩亭東西屹峙一時美舉與斯田並垂不朽學博杜君金君趙君暨多士喻生思儆王生嘉士尹生汝陽汝期袁生日新日靖趙生起丁生則瑞輩謂不

可無記命余一言余惟夫士方衡居蓬蓽覩當事者迂疏士類輒欷歔不能已及既握符綰綬仍邈不相關其視公之厪厪懇懇無負夙志者能不汗顏內愧乎雖然養士若侯者可矣而士之自養宜何居敦忠信爲道腴飽仁義爲膏粱處則咀英吐華出則澤枯潤槁斯士之所爲自養以無負公養者也若夫詞章競繡筆札徒工內無禮義廉恥以養心而外日營營於進取則茲繼粟繼田之典祇爲富貴媒耳又豈我侯立田養士之心哉遂書之以勖多士且以告來吏茲土者毋忘侯心侯諱學夔字永足舉閩中進士而閩縣其家世也

剡溪遊記

周汝登

丙戌冬十二月望後十日周子與弟夢科姪元齡步出郊門臨流而覗曰此剡溪也我輩實生長是可一日負耶時有虛舟泊岸下微風自南來遂買舟攜酒乘風而北倏至艇湖登子猷橋是其回艇處此去戴安道宅纔半里猷不見而返豈云興盡正留不盡之興耳故興至今存因相笑引觴坐舟頭而下至竹山山小而峭仰視卓絶一宇巋然名竹峯菴起登菴倚檻臨江而樂之適坐江中未盡此江之觀而今覩其全固知超物外而後可觀物也舉頭天外其幾乎明日過仙巖陸行五里謁

仙君廟上人稱仙君者爲謝康樂靈運鄉名遊謝亦以康樂故由仙巖而下兩岸山壁立相向愈迫江流曲折窮而復開溪禽谷鳥聲同應和舟容與竟夕不能舍又明日至印月寺山勢逆上如吞江復吐再下數里爲清風嶺宋王貞婦投崖死節於此因歌元李孝光詩此心若愧王貞婦莫向清風嶺上行樵人孺子環而聽之俱爲動色清風而下抵嶀浦兩岸勢稍開臨江一山如拳三面跨水山下石塊磊如砌山上有廟廟碑爲宋名士樓鑰記文嶀山在北隆崛雲間積雪迷道不可上問謝車騎桐亭無知者走嶀山東北數里入龍宮寺有唐李

公垂碑記是千年物里稱嵊亭齊張稷爲剡令過亭下生子因名嵊嵊忠節炳史策宜立石表其生處而有司者闕焉是夜舟泊嶀橋星明水沙一色三人起坐沙石間且飲且吟不覺徹旦鬨舟抵三界古始甯地也東山在望雲月如待周子顧語二子曰余自少至長於茲江山百里之間往來當以百計然向也山吾履而不知其高水吾泛而不知其深林林魄魄者觸乎目而如不見淙淙嚶嚶者接乎耳而如不聞而今乃知有茲山若水也夫知何得耶不知何失耶將昔不逮今醒耶抑今不逮往忘耶二子默然言未已風轉北來舟艱於下舟人

曰返棹則順遂張帆而返故所歷處逆而視之若更爲一景奇麗不可復識周子顧謂其弟子善圖圖其逆而上者余爲記記其順而下者俱系以詩各就舟中爲之甫就而舟抵城下漏下三鼓入城街衢燈火熏灼人奔走如狂蓋是夕爲除夕云茲遊五日夜往返百數十里飲酒五斗而元齡斷飲不與得詩二十首記一圖一從行僕一舟子一

剡溪後遊記

周汝登

丁亥元日周子將出遊以陰翳不果夜大雨如注翼日復霽可遊而不可陸也周子復與其友五六人者泛於

剡之上流時溪水清淺中流如鏡挂席數餘里反而容與石橋之下座有善笛者三弄酒數行周子起而觀流則兩岸若拓而開橋可俯視之矣而直望一碧萬頃蕩蕩洋洋不可以際向登舟時所覩沙洲土渚盡失其處以問舟子舟子曰疇昔之夜四山雨水乍集故暴漲乃爾顧消亦可竢周子曰嗟乎是何消長倏忽若此哉余因以思昔之出遊去此兩日乃歲新舊異令矣余與諸君齒加長異數矣則何以異是水之倏忽漲消哉夫漲消可以識桑海新舊可以見古今齒長可以度生死倏忽可以覩千百年愚者見於著智者燭於微則何可以

不樂或者曰歲之新舊汝自名也齒之少長汝自憶也水之漲消汝自見也不名不憶不見者無新舊無少長無漲消若此則亦無桑海無古今無生死無倏忽千年烏乎樂烏乎不樂周子大笑復與諸君飲酒數十行泛舟澎湃之湍諸君曰水石嚙呟聲何壯耶周子曰寂然有雲拂樹而過周子曰聞耶諸君笑周子亦笑曰子烏知聲之非寂而寂之非聲也已復放舟石壁之下周子曰水者止乎石者流乎諸君笑周子亦笑曰子烏知流之非止而止之非流也於是諸君有目周子醉者謂言非情也周子曰子又烏知醉之非醒而醒之非醉非之

非是而是之非非耶予休矣於是周子起而歌歌曰水淸淺兮安流魚潑潑兮磯頭我歌初起兮羣鷗滿洲水乍漲兮連天芳草發兮年年我歌旣放兮餘音滿舷歌闋而歸

文星亭記

徐渭

山川之勝否關文運之通塞而臺榭之助亦不可廢今夫冠以飾男髻以飾女髻與冠本非肌髮之屬於人身也而使男與女者徒美其肌髮而不冠且髻焉以處則鮮禮而入於亂易姸以爲媸矣嵊有山曰星峯者枕邑之北處羣山中古搆亭於上正若男女之有冠髻然

可望當其時科甲之選不乏至明永樂間猶一比而五捷其後亭既圮至於今不復且剡流之遶邑者改向而南馳於是邑中士入棘闈者歷十舉不一捷隆慶五年八月朱侯來令宣慈布文政教兼舉及館校諸生曰文藝不讓於昔而科目則大減曷故哉會周君震喻君思化以前所云山溪亭榭告侯曰未可必也予其試哉於是改流襲舊構亭則新秋士入彀者三邑士聞之既駭駭興起而全浙且注目於侯以爲文翁治蜀至買刀布遺京師博士令文學授受而歸轉相傳習蜀文大振揚馬之流輩出蜀士遂甲天下侯蓋文翁其人耶亭非刀

布也然郎刀布矣哉而邑之父兄子弟來相述德令記其事予曰予未識堪輿也特大概例以陰陽義故以男女喻山川而覆於巓者爲冠髻然語其形勢則然耳若比諸實用則諸君所云文翁之刀布是也侯甯國人名一柏

遊剡溪記　王思任

浮曹娥江上鐵面橫波終不快意將至三界址江色狎人漁火郵燈與白月相上下沙明山靜犬吠聲若豹不自知身在板桐也昧爽過清風嶺是溪江交代處不及一唁貞魂山高岸東斐綠疊丹搖舟聽鳴鳥杳小清絕每奏一音則千巒噌答秋冬之際想更難爲懷不識吾

家子猷何故興盡雪谿無妨子猷然大不堪戴文人薄行往往借他人爽厲心脾豈其可過畫圖山是一蘭茗盈景自此萬壑相招赴海如羣諸侯敲玉鳴裾迫折久之始得豁眼一放地步山城崖立晚市人稀水口有壯臺作砥柱力脫幘往登涼風大飽城南百丈橋翼然虹飲溪逗其下電流雷語移舟橋尾向月磧枕嗽取酣而舟子以爲何不傍彼岸方喃喃怪事我也

自三界至嵊縣記　　國朝　俞公穀

己巳三月十三日晨出三界釣魚潭上大風逆舟舟蕩浪北傾舟中人操竿助進進寸退尺凭舷危對怪石寒〻

泉悅可人意至嶀浦水奔澌來赴石臥壑者皆起峯慘慘滴翠下臨絶澗孤開一道時見危棧空懸風自頂直逼客舟者爲清風嶺清風嶺者宋青楓嶺也臨海王貞婦至此嚙指血題詩壁上投崖死其血漬入石間太守作亭表之遂名清風舟人云亭前履蹟雙雙宛然入石又不僅血迹流芳也逆流而上二十里畫圖山峯巒峻潔旁有石鷹羽毿細偶影雙棲雕刻不能工日西匿南望遠山野燒四起飛焰燭天勢蔓延幾及霄漢大風自南轉而北向溪樹亂響舟遂入嵊

遊臥龍山記

徐一鳴

嵊溪巒陡絶止戴家塊土被黃鸝倩住次畫圖峯削小可置几案間從未有及卧龍者一日穀之持檄來曰葉近日於絲蘿中覓得數尺天地須兄來簡識而傳說處多灑灑動人遂於月九日訂歷師其國偕往至山口爲清石邨邨東數武忽一巨龜負赤文曳尾稻芒中與白鷺爭明沒而靈巖岡里許兩石嵯峩戟峙山前作揖客勢從西徑入有方塘畝餘澄碧靡底遵崖北上曲踞澗心者爲躡仙橋再里許有蒼虬數十攫雲而升竟欲夾簷楹飛去予驚爲龍悟耶已而知爲五大夫欺我松足即眞君祠尋不見武侯像固知作梁父吟入薄此不爲

循徑而北爲臥龍菴鐘聲嵐色雜出笑賓促蹬上西山麓見一泉名潄瑶紺徹鑑鬚眉如畫從潄瑶左爲絡馬巖紫草紅鶴大類曹章筆法而四蹏蹋踏如欲騰空爲薜蘿纏定猿引數武爲赤芾巖絲理奇巧俱天孫所織其在食武鄉邑後耶從赤芾巖上郎兜鍪峯此山人祇用羽扇綸巾何物而不化如此意當脫此以覓匪皮冠耳披蔓倒下見老比邱鬈髮垂斜偕數大德喃喃方竟午參有十八公碧角蒼髯各持幢蓋相侍衛乃得生公臺蜿蜒而下見雲根大沸覓得滴乳泉水繇石罅中出清冷徹骨泉右爲漆書壁歷落斑駁俱古篆文泉左爲

眠雲崖靄毿下垂五色相間稍上一小凹即月窩浩影金波方方具見至了眞洞幽不可言云中有十六室若能取火造其間定有唐人題識崖前數十丈爲浮磬巖自此四旁石岩崿峭絶嵌空裂擢或立或仆俱是半空飛墮而册石猝有一荔枝縈縈迴盤詰曲折盡意然至此足力已竭而毅之猶嘖嘖稱勝不休子上月窟而不探天根終不能飛太淸再勉登綴星巖星光歷歷可數吾知此經緯所成五百里必有奏賢人聚巖前峭削兩石夾插天心爲通天徑徑中僅綫許止容一足登然步步引入勝地足盡處忽已身在碧空旁看四虛眞溟濛

無際至此西山之景已完方思笑倚最高峯縱觀積氣而冷然雲埃忽已響薄林裾此爲飛白泉蓋兩山爲左右衛此居兩山之中以一片水簾垂拱其內直足指揮萬峯泉下有一石橫拜稱枕流倨矣左爲東岡轟雷傑搆如闕重門乃天然厂帷幔几帳雅非人世稍東上一老人曲肱方枕偃息而卧此爲睡仙巖名卧龍以此東外嶙峋崛起忽伏者爲蹲獅石丹黄互烜崇麗豐肥仰視飛瀨巖跕跕欲墮再上倚嘯臺恍見當年抱膝胸次吞盡大江南北仰謀孟德兒臺上爲象鼻峯百尺老柯俱作金絡絲穿卻臺下爲爛柯坪杯酒局碁早已爲老

人勘破而稍東最高一岡隆平嵦廠爲東眺臺惜安石君已死不及載酒相過從東眺下望平田中有物如伏犀俯踞作辟塵形恰守前隅自此東山之景亦完大抵兩岡相對迭和更酬嘗思督五色霓駕一彩橋俾相婚嫁下以激湍瀠洄交贊巖隈纚以翔鷳每至一峯則盡一巨觥觥盡便醉消算三萬六千場亦足稱陸行仙子無洪流殊不快意毅之輒疾走大呼曰汝不窮河源安得以升斗量人乃連袂而西忽見巨波汪洋千頃卽雁子湖剛瀦飛白之巔飛白水卽受此龍湫百尺自有貫頂醍醐但山下人不知俾雲行雨施豈止一瀉千里哉

湖東盡爲賓雁洲瀟湘一夜楚國皆秋至此山前後之景亦盡足奄奄隨葛龍去而曜靈亦已掠山角欲西仍取道自松風嶺抵瑤泉謏逸再上西山見九座須彌臺迥出塵外諸山肩列遥指四明峯如帳裏芙蓉恰得問月岡作翠屏一嶂數十里形勝以一目收之到此欲醉不得非醉亦不得急喚持觥來送以吳歌未數巡月盈盈在樹杪間入樽中俱松栢影酌盡五斗竟不能寐薄曉雲鐘點點倌人促裝予實戀戀愧不能爲十日遊是日同遊者歷然師淨相何其函淵王毅之黴弦屠印白偉與予共五人明崇禎十一年四月之九日也

耕菴記

李茂先

剡東四明稱丹山赤水之天二百八十二峯間佛窟僧廬嵌雲倚石者幾百餘所大石厂居其一髻於厂巔則有耕菴數椽茅屋半里梅花係洞宗普上人駐錫處也上人爲金陵巨族髫齔時郎不耐塵鞅脫白薙髮於荊溪萬和尚室嗣後參請海宇名宿十有餘輩及至剡秀峯雙屏始降心而遞嚮和尚箕裘仍欲揀片地作結茅計經幾跋涉而入我四明見大石厂驩然而喜曰是可以鋤雲種石者故以耕名乃上人身寄煙蘿名馨遠近若明覺若四果若眞如若桂巖紛紛纙請去作瑤海獅

鳴演如許普利人天事歲時往來逕由漁溪谷口經竹嘯菴金雞嘴鼠延巖一綫鳥道干折螺紋方達其處山險水深荆榛叢莽登陟者望而畏之老苾蒭月輝瞻禮上人久苦行眞修種種有利濟可驗一日登宏願欲爲四明別開生面不使耕菴道場如熊耳寒巖阻人履屐爰捐己資募衆力身操畚插錐斧以率於先視有礙厥行者石搜其葛樹抉其根峭則使坦窪則用塡凡四十餘里梗澁不堪措足之塗一旦如砥如矢幾可聯鑣並轡矣無論居民貧衣食於山上者不歌行路之難衲子待鹽米於山下者得遂歸來之願即耕菴蒼蒼石徒數

畝纍纍佛骨一堆使向往者掉臂而直造焉其爲功詎復可量卓哉此舉亦宇宙內一番小開闢也予聞而壯之因濡墨而爲之記

星峯菴記　李增

出北關三里許有亭巋然竦於山頂者是爲星峯亭余癸巳歲與邑之士大夫復其舊觀者也自亭南下迤邐二百步有室三楹西翼以廊者是爲星峯菴跛僧守中所居以守亭者也余考高氏剡錄載僧仲皎開閒菴在星峯亭下今其地不可復識而此菴之址則得之馬姓之所捨王徐二子偕諸同人募於其戚友以經始之葢

不可謂非有數存乎其間矣跛僧誅茆種菜日惟食粥一盂以余命守亭故弗去然余每見其羸苦未嘗不爲惻然跛僧死菴扃且數月矣菴之頽廢不可知而叉奚以守亭爲余與王子每顧而咨嗟者也會上虞東山寺洩洲上人與王子有夙契來遊剡坑登亭周覽見是菴有卓錫之志寄語王子曰如完東翼當爲公等續成勝因於是王子復募諸戚友將增建東翼以踐洩洲之約而洩洲今春適至出一函貽王子啟之則田畝號段也蓋洩洲已預爲兹菴久遠計且示王子以弗疑余乃益信興廢之數視人爲量洩洲其即仲皎之後身而爲干

百年保護斯亭者將在於是惜乎徐子之久逝而不及見也徐名祖培王名秀春王子請記其事余遂喜而敘其緣起如此他日洩洲當以是語之并以諗後之住是菴者

清風嶺記

陳純士

山水傳人耶人傳山水耶抑人與山水相值而傳其所不傳耶予於清風嶺有感焉嶺隸嵊宋末王烈婦嚙指題詩墜崖事軼見誌書元李孝光碑以烈婦矢死被奪挽羅守不得閒至嶺守者懈死之嗚呼死須臾事耳當婦悲痛自殺時縱不得即死豈旬日間竟無死刻哉爲

服期月之請何爲哉噫嘻烈婦之心不啻皦光激爍矣傳云千夫長見婦色麗乃盡殺其舅姑與夫而欲私之嗟嗟斯仇詎一死足報哉緩以期月非祗乘間正欲得間而甘心耳不然自臨海至嵊凡幾山川必俟至此始仰天竊歎曰吾得死所耶蓋熟籌之已即期月亦無間之可得誠可死而死死得其所烈婦之云不其然乎悲夫是何異魚腸在匣雖濡縷未試鋒鋩已光射寒碧茲嶺適相值而傳其所不傳奚徒山水傳人人傳山水者可概論哉後人易青楓嶺爲淸風表忠也婦之心有烈丈夫所不能爲者因擬書以烈

游四明石屋禪院記　吳金聲

乾隆戊申華亭王先生鼎新昌楊先生世植歙縣韓君元灝皆寄居剡地以詩酒相契六月初旬招予同游四明欣然往焉至山麓有小澗流出澗中亂石架疊水從石隙中流清可鑑毛髮游魚出沒不畏人旁有大石曰十丈巖巖下架石爲屋居神其中以禳虎患再行數百步曰府基其地畧平曠見頹垣荒棘上下縱横相傳明馬士英避地於此故稱閣老府云延澗而上有石壁上林張岐山老人大書東土靈山四字刻於石有晉唐人風骨再上有小石屋僅茅舍數間居僧甚勤苦又有亭

曰洗心面山而立居澗之中亦岐山老人之所築也亭前有小潭瑩澈可愛其水自亭左流出噴瀑於亭後石壁下視石壁如練下爲白龍潭自亭而上路極峻盤曲而登日午至石屋禪院門外有石塔高丈許院中有瞽僧壘石爲之衆皆奇焉門內即爲雲厨其中爲正殿佛菩薩居之旁夾兩廡前爲大悲樓樓上憑眺下視羣山如蟻垤殿後爲準提閣殿北有石屋內可坐十餘人乾隆初恆傳長老未成院時鳴魚之所也石屋前有茶樹一株大如斗數百年物也又有茶圃十餘級山麓畧平者輒開掘之砌以石寺僧資食焉閣後壁立萬仞左壁

最高處珠書一佛字至今字蹟如新右山一徑可通人其上爲金鐘寺蓋僧得金鐘而成此寺也前有石曰將軍巖巖上時有馬人偶見之或云此天馬也院東西皆有澗合流於前僧架竹引之入室冬夏不涸清冽異常水而西澗尤勝夜宿僧寮但聞風聲水聲最後聞鐘鼓聲余亦隨衆僧起出招提一步四顧微茫蒼山在雲氣中也俄而日出海上山徑可辨與山僧别偕諸君取徑歸今予年五十五追憶前遊已二十一年倏忽之間竟成往事同遊諸先生又皆物故而予猶得食粥衣布以力田教子此亦予之所私幸也故追記之并刻諸石亦

以見日月之邁如石火電光而遁是山者亦得以附之
而不沒焉

遊白龍潭記　　史載筆

剡南二十里地曰白龍潭絕幽勝余欲遊其地者再三四不果一日梓盧師折簡招伴遊時季秋初旬衣單袷衣遂與俱往其地三面環山缺南一面南去七八里如翠屏嶂焉爲南巖任公子釣魚處中多怪石或立或仆或豎或橫如筍初抽如人拱揖如虎豹欲搏人殆不一狀泉一泓從石罅中流出清冷徹骨鑑鬚眉如畫即所云龍潭者潭北數武爲風洞風冷冷從洞中來洞口茶

蒔生焉花鮮潔可悅由洞左南十餘步一石阜突起平地高可二丈許方正如削狀似石屏攀援而上顧眡險絶心悸欲墜旁一窟一石横空出長八九尺爲龍尾石如龍入窟未盡而猶見其尾者面石屏倣者爲蘭若鐘聲佛號雜沓飄空四壁有騷人墨客題識砌下植芙蓉數本芬芳襲人衣袂屋外有古松大數十圍夭矯百尺如蒼虬攫起霄漢間蘿蔦延緣牽纏恐隨風雨飛去修竹千百莖幾多个字從午陰飛下寫人肩背禽鳥往來如織鳴聲上下與山谷響相答應山花數點當徑覦人步履由蘭若右轉里許爲虎嘯巖巖下時時聞虎嘯聲

談笑問樵夫牧豎皆來看客於是足力已竭或憩雲根或藉草臥浩吟工部安得仙人九節杖拄到玉女洗頭盆句聲徹元虛山僧前邀飯畢興復不已欲遵虎嘯巖登龍亭山尋南巖寺遍搜幽奇領略十分秋色僕人催歸徒戀戀耳恨不能作十日遊猶迂道至超化寺看菊花訪僧洪舟毛家巒談禪理及至家新月一鉤在樹杪間是日同遊者朱梓廬師葉芝谷丁道南釋一乘與余共五人乾隆辛卯九月之三日也

萬金堤記　樓上層

萬金堤者當剡溪上流每春漲砅崖擊石志謂有瞿塘

灩澦之危焉按天台山志剡溪發源於東陽之玉山經天台山北入剡是爲南源酈元水經註言白石山有瀑布飛流三十丈會曹娥江江郎剡之下流爲北源周徐彩紹興舊志言剡四源然無言上流三源者惟明史地理志言剡之上流亦三源有長樂寨在白峯嶺寨去堤二十五里岑之水合北源之出諸暨與南源之出東陽者溪三畢注堤悍甚史故取其關民利病者言之堤之築獨烏容緩哉堤自明畧具迄乾隆十有九年甲戌雨發洪所向坍裂堤遂壞議復興築董其事者曰應佩綱郭君實創爲石堤工鉅萬越月而畢時有過客歎曰是

堤爲田廬障且興水利歲當得萬金遂名爲之萬金堤至四十五年庚子浙東蛟平地水且丈堤復壞於是佩綱之子乾從子紹濂及邢協熙與君實之子萬年百川等議曰築土誠不如築石然石而不撿猶之土也於是方圓鉅細悉躬自點閲令受所應得且厚集其勢以爲水預拒堤高凡丈有六尺闊二丈長三百餘丈脚悉用陂陀塘法減二十步置一鼻與水吞吐令水不得直走堤以爲堤捍郛仍於其可渠處渠之置爲水門謹蓄洩以興水利石郎取自溪洩而防之舉手見績邑侯袁公見之曰此守土職也食其地者能若是大善爲集工賞

之辛亥秋大水堤決兩翼鼻脚壞復應時修理葢方其壞也縱橫十五里與水之出自東陽玉山者南合廬舍塋城捲而去其所新注水而不田者萬畝其所故注田而不水者復萬畝隈隩盪滌礓礫堆砌水經注曰縣南百步溪注焉有東渡西渡西渡通東陽堤為孔道堤壞則渉而死者以日月計迨竣事而向之所為水而不田者仍得履畝而册焉課之登諸國者勸口之飫諸家者沃所為田而不水者雖一耜之巜一墢之起悉得取盈焉以備旱澇蓄洩而莫復病渉焉此乃志地理者之所渴蕘而三溪之利病果孰與他五源之緩急也夫志地

理者郡國之大其志也二萬畝之利病果何與天下損益然使如嵊之一邑而有二萬畝利病以是推之凡爲邑者各利病若是方不知其興築之不時而所失幾何苟及時而所得又幾何也壬子四月邑侯周公諱鎬以公閱是堤最焉曰是不可無記故次而詳之

環水亭記

盧梁

歲辛酉余客授剡西敬義堂堂之北翼然有臨於雲表者環水亭也屢欲登覽而余以羈旅祇增仲宣故土之思不果往方春始和雜樹叢綠時鳥喚人老叟過謂余曰蘭亭之會譚者美焉先生盍往環水亭遊乎諾之遂

與俱行泥徑數曲緣小溪不百步過石橋而亭至矣亭凡三層制益樸甚其下壁鐫俗所傳陰隲文覺世經緣是以寄尸祝二公之意亦使汗漫遊者得目擊內省也拾級登最上層孤峯峙其南若不屑與衆山伍者叟告余曰此雄鷲峯也以象名迤邐而東有峯縹緲深秀之氣不可言傳則曰此獨秀山也王右軍嘗讀書其地相與徘徊者久之時但聞水聲淙淙如戛玉如理琴沓不知其何來憑欄俯視則有雙溪滙流帶縈亭側波紋縐綺荇藻拖藍因詢曰此環水所由名乎叟曰然望氣家謂余鄉宜於此地建亭以善其後而余與鄉人實嗜此

水之勝也余聞而歎曰叟其志在流水乎夫上善莫如水今叟合華隱曜天君泰然其有鑒於水乎叟之鄉士農樂業比戶親睦其有得於水之不爭乎且聞之遊睢涣者學藻繢之綵而叟固文靖裔也遥遥華胄文獻世其家佳子弟往來亭畔將必有斐然之志奮文辭以表見於世余雖不習堪輿抑理有可信非誣也至如捉鱗末攄頻年內熱亦得朝夕娛情水旁滌瑕蕩垢而鏡至清則斯亭之作非第爲騷人逸士流連觴詠助一時之歡也

王節愍公祠記　　魏敦廉

公諱禹佐字益之明天啟間以選拔判保定駐居庸抵任即倡修學校朔望集諸生講學決獄多平反人驚爲神居庸地僻屯使喜功概以墾田責之有司往事浮報新開派民一田兩稅公抗義除之得免又請罷南口巡攔以紓商旅築三路城垣以固保障延慶均徭豪強欺匿小民苦之公竭誠編審豁逃亡者千餘居庸土木榆林三驛權使絡繹供應日乏公拒常例即以市馬多設行料嚴革乾折雖使客側目絕不少挫也時宣大告饑公奉命挽援餉十五萬民不擾而軍不譁大吏交章薦之調署昌平方五日　大兵從天壽山攻州治公率兵

民奮勇登陴抗拒七日忠憤愈激督撫連檄調回公慨然曰關有重兵而州無守備我爲其易誰爲其難羽書再至不受內變起城遂破囑中軍顧震曰城亡與亡者若爲我持二印投署井矢志不屈及死呼老卒覆以衣目乃瞑子仲宜中軍顧震同殉焉事聞祭葬如例謚忠襄公忠義天成常書一聯於座右以自厲曰願持白節酬君父莫玷汚名累子孫又長於文著菰關集二卷

國朝

賜謚節愍入祀忠義祠今族人命玿逢士逢源待璣燮元等即公誕生之所建專祠逢士助基待璣復爲建華表

於北門外云

剡西上陽書塾記　　潘諸

士業得失四民之首事也庠序收其俊乂而外爲書院義塾以待學者此古君子用心最遠深知百物安樂之始而爲之者非必以爲奇節也然其跡恆近於俠施利物之間故踵事慕效或慨慷務合義望至漸失其意底其終美類不過以聲華利達期鄉里子弟鄉里之人每視其無實而疑士固無益於天下此士大夫用心其中所宜深慮焉剡西上陽之山有義塾曰陽山書院成於乙未之冬其中廬舍飲食資給久遠之具類之智者之

所為余聞其初則其鄉巾幗者為之也鄉有邢上舍曰啟强病之日語其家人慨太平長樂二鄉寠人子弟無所學既歿妻錢氏憶之家僅中貲出其半屬弟上舍物華慨然成之曰吾子四歲壯不聞其父言他日身以此勵之知父平日事也於是鄉士大夫郭君廷翰呂君燦煌錢君登化邢君均等以奇節出自閨闈思著其美而務求備其事來京師以語余余以為倡始之美止於成塾而所以使廬舍飲食資給之具皆有關於四民百物之本則諸君子之責矣奇與俠皆非婦人事夫歿子幼而志有所受必成終命於哀戚之中此即設學首倫序

之意而邢君於存歿之頃以婁人子弟不學爲念此其意皆可以率士類而示之本學凡四方賢士君子爲書院義塾而未易遇之者遇之而其義猶止於是爲可惜也剡自晉人崇飾虛妄名流所至假擔金於仙釋杳渺之地其慷慨所及曾不如鄉里孺婦尺帛斗粟施之道殣爲得其實聞宋紹興間有周氏者爲淵源堂設孔子諸賢像於中梅溪王公爲集每郡秀士而教之學其智似不爲王謝支竺所汩然朱子嘗遊貴門而未嘗一至其地豈當日學其中者猶無可聞耶夫知善必奮人無智愚皆有此隱而名實得失則在其智之所及書院義

塾名雖異於梵廬丹室然美質子弟徙習其身利以儒
四民之首業則士之所萃於物何補諸君子皆有聞於
鄉者習必有以及之矣

雜著 書 贊 引 紀事 題 問 弔文 祭文 哀輓 書後

與道一書

晉 白道猷 作

始得優游山林之下，縱觀孔釋之書，適與爲詩，逡峯採藥，服食捐痾，有餘樂也。

與支遁書

謝安

思君日積，計辰傾遲，知欲還剡自治，甚以悵然。人生如寄耳，頃風流得意之事，殆爲都盡，終日慼慼，觸事惆悵，惟遲君來，以晤言消之，一日當千載耳。此多山水，山縣閒靜，差可養疾，事不異剡，而醫藥不同，必思此緣，副其積想也。

奉許東岡先生書　明　呂不用

某向者凡兩覩縉紳光輝，皆以匆匆不得詳領法言以爲終身模楷自易之東徙切嚮仰惟函丈爲國家持文衡以造就甬東俊乂者豈曰小補而已去冬狄希孟來云先生曾詢及阿聾就得審長者起居萬福康張善飯爲慰今春會張宜中又云先生嘗歷舉鄉里晚生問訊老儒之不忘後輩者何欣如之某小少讀書史眞有意於養浩然氣學爲江河之文以求識海内諸老不意適丁多難流離竄伏穢稗於前茅塞於後遂不復理憂遣爲病以迄於今文章之事孤負壯心自痛且惜將復何

及也今來剡求醫適宜中之鄞敬奉尺牋爲尊候問不自知其覼縷

上邑令請復橋書　　夏雷

嵊城南溪水環如束帶鄉市人民來去四方商賈貿遷與夫吳越台温司府縣衛公文走遞晝夜必由所謂國中之水當涉者衆近設船濟渡亦乘輿之惠濟寡不能濟衆濟晝不能濟夜濟緩不能濟急往往積之多候之久以至爭先觸浪渡船因而規利無罪陷於淪溺良可痛憫爲今計莫如興建浮梁通計浮梁釘鐵船板石灰麻油工價不過千兩以出入鄉隅之人計之不下萬家

以一家助銀一錢亦自足用況更有富民大商義助不甚費公帑伏望明公提綱於上遴任公敏良民委任責成數月之間事當就緒既成更立看守補葺之法又何慮工不垂久哉竹橋渡蟻且魁天下況活生靈獨無報耶伏惟裁處

閒游贊并序　晉　戴逵

神人在上輔其天理知溟海之禽不以樊籠服養櫟散之質不以斧斤致用故能樹之於廣漠棲之於江湖載之以大猷覆之以元氣使夫醕樸之心靜一之性咸得就山澤樂閒曠賓嶺之下始有閒游之人焉降及黄綺

逮於臺尚莫不有以保其太和肆其天眞者也且夫巖嶺高則雲霞之氣鮮林藪深則簫瑟之音清其可以藻元瑩素全其浩然者舍是焉取故雖援世之彥翼教之傑效舞雩以發咏聞乘桴而懍厲況乎道乖方內體絕風塵理楫長謝歌鳳逡巡逿入疵於元流澄雲崖而頤神者哉然如山林之客非徒逃人患避爭鬭諒所以翼順資和滌除機心容養醞淑而自適者爾凡物莫不以適爲得以足爲至彼閒游者奚往而不適奚待而不足故蔭映巖流之際偃息琴書之側寄心松竹取樂魚鳥則淡泊之願於是畢矣然奇趣難均元契罕遇終古皆

孤棲於一巖獨翫於一流苟有情而未忘有感而無對則輟斤寢絃之歎固以幽結於林中騷感於遐心爲日久矣我故遂求方外之美畧舉養和之具爲雜贊八首暢其所託始欣閒游之遐逸終感嘉契之難會以廣一往之詠以抒幽人之心云爾贊曰

茫茫草昧綿邈元世三極未鼓大人無際萬器旣判靈僕乃翳實有神宰忘懷司契冥外旁通濟感莫滯總順巢鹵兼應夷惠緬矣遐心超哉絕步顧揖百王仰怡泰素矜其天眞外其囂務詳觀羣品馳神萬慮誰能高快悠然一悟

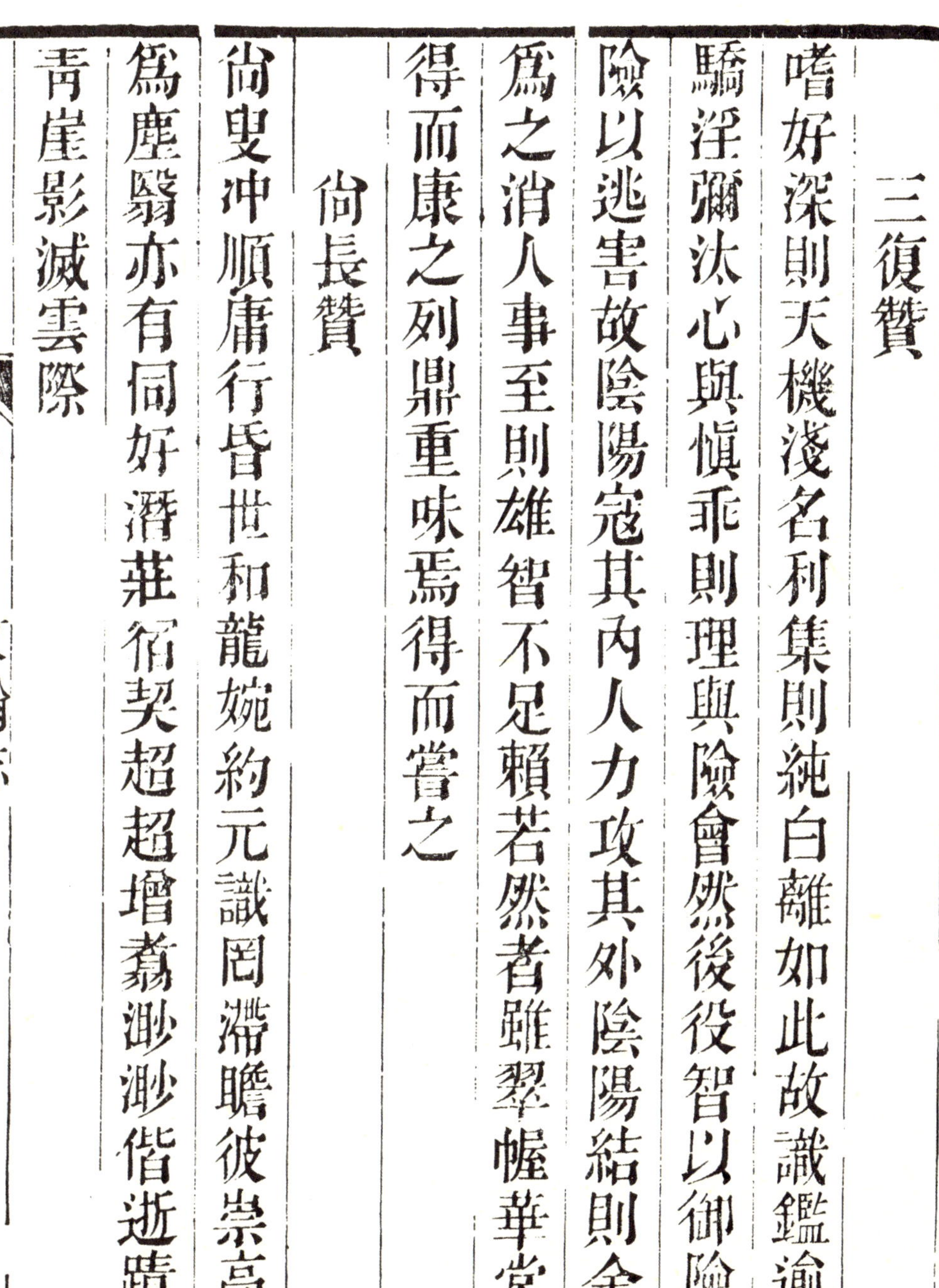

三復贊

嗜好深則天機淺名利集則純白離如此故識鑑逾昏驕淫彌汰心與慎乖則理與險會然後役智以御險履險以逃害故陰陽寇其內人力攻其外陰陽結則金石爲之消人事至則雄智不足賴若然者雖翠幄華堂焉得而康之列鼎重味焉得而嘗之

尚長贊

尚叟冲順庸行昏世和龍婉約元識罔滯瞻彼崇高俄爲塵翳亦有同好潛莊宿契超超增翥渺渺偕逝蹟絕青崖影滅雲際

酒贊

醽醪之興與理不乖古人旣陶至樂乃開有客乘之隗若山頹

山贊

蔚矣名山亭亭洪秀並基二儀嶤嶕雲搆嵯峨積岨寥籠虛岫輕霞仰拂神泉旁漱日仁奚樂希靜比壽

松竹贊

猗歟松竹獨蔚山泉肅肅修竿森森長條

張門雙節贊　明　錢宰

剡山峭拔剡水清冽二節婦貞白之操鍾焉人謂范之

操若崩崖斷決皓月獨懸初不知繼志之錢也錢之操若貞松勁竹孤鸞高騫殆與范比肩矣春閨並繰寒燈共織撫諸孤俾各有成乃今白髮高堂同享壽康天固有報施之也雖然閭巷閒婦女執義守信如二婦者代有之矣名湮沒不彰悲夫

周海門先生贊

張岱

講學剡溪出言明曉引掖後進陳言一掃訪戴多人雪舟騷擾疏食菜羹不敢不飽議論新奇不襲不勦卽入聖門言語之科如君亦少

募修文星臺引

國朝　李以炎

蓋聞山川韶秀人物由此鍾奇臺閣巍峩風景於焉增麗應女牛之宿雖曰天成聯奎壁之光實因人贊惟重新乎勝蹟斯煥發其鴻猷嵊邑夙號名區素稱仙域青螺四繞面面畫圖碧玉千迴層層襟帶禹鑿定安居之宅秦遊洩望氣之占子猷安道自多乘興遺蹤康樂梅溪雅有拈毫佳處右軍故宅雲霞護縹緲之峯阮肇仙居煙雨鎖翠微之色鷺飛道院金庭與石鼓爭雄鹿苑懸欄怒瀑共晴雷比勢尋陸方之遺軸各擅汀灣溯李杜之謳吟難忘水石凡茲勝概未易悉陳要皆孕毓人文發天章於碧漢疏宣氣化散霞綺於晴川非僅博夫

登臨洵有關乎政治更有文星臺者乃合邑之要領也位列青陽地臨碧水束溪流之鎖鑰轉地脈之樞機棟接騰蛟啟光華於雲錦檻連起鳳擷瑞靄於天香當年之人事可稽此後之地靈不爽惟是興替靡常幾失前人之制傾頹已久徒勞創始之功因之甲第多遜於曩時井里未臻乎全盛夫堂名并四亭號無雙止雕梁藻井之工快遊目騁懷之致猶且滄桑莫定慮陳迹之就湮嘉樹毋忘冀後人之嗣葺況乃合形輔勢爲都邑之咽喉孕秀鍾靈實文明之管鑰覩斯廢墜宜急興修炎以菲才謬膺兹土疊書卓筆冀步武於兩巖濬道通渠

願追隨於一柏顧文章經術深懼未遑而補缺彌偏敢辭非分每於退食之暇憑眺遺基聊資清俸之餘思爲舉廢而千尋飛閣用待鳩工百尺高樓難從蜃化庀材董役豈一力所能支合志同心庶萬間之可庇先陳數語用告諸賢希隨願而樂輸幸多人而集事布金有術頃便翬飛覆簣多功應看燕賀此日高甍繡闥不徒資煙景之觀他年育德興賢即以樹棟梁之望矣

金潭雙溪橋茶亭小引　徐大酉

原夫路異旗亭難言貰酒館非逆旅暑可停車當五達之驂騑有四民之麇至行行且止少留入剡之蹤去去

重來聊說調符之飲匪遣善士孰恤勞人錢公青垣建津涉於石橋昭武肅之鐵劵斂霜寒而象罔懾陷花繡而士女謳既迓神庥并揚祖烈而乃財輕於簟惠重於山樾蔭新添甌香廣潤蒙莊仁義之用寄若蘧廬初慧功德之施沃以甘露兼之雨美慨然三歎彼夫策鳩杖以行吟對鶯花而選勝一瓢雨後雙屐雲中時執榼而提壺或品泉而嚼茗春山紫邏仙竈丹成彼其行踪各有攸主至若筍輿雜沓綿襖[illegible][illegible]攜落葉以行酤摘新荷而包飯眄斜陽於峻嶺行李匆匆悵煩暑而沾襟望梅隱隱消以一杯之水奚啻兩腋之風已僕少遊省會

壯謁京畿偶拜井而祈泉儼當途之榷酒聞茲古誼重以歡心人言行者相與歌於途喜斯陶也吾願錢公有以善其繼美而暢之

紀烈婦王氏事　元　徐瑞

王氏婦赤城人也家世未聞至元丙子天戈南指士馬充斥有自赤城得王氏挾至剡青楓嶺王氏爲詩嚙指血書於石崖自湛死見者莫不盧然爲之傷感或作詩嗟悼之余來佐剡道越見宣武將軍紹興路鎮守肬帖木耳爲余道其事且曰昔鎮剡時欲紀之石未果也君其圖焉余至邑詢父老間往往能道其詳且得所爲詩

後過其處復見其遺蹟至今四十餘年苔荒雨蝕字幾不可辨而血痕漬石間隱隱也夫一念之烈貫徹金石久而不泯亦異矣噫殺身存仁聖人惟許之志士仁人今以一婦人而能奮不顧身視死如歸豈不難哉余懼事愈久而跡愈泯與同寮謀而語之邑人郎其旁築小室刻其事於樂石以傳諸遠以俟採錄焉蓋亦厚風俗之一端也併系其詩於左至治二年歲在壬戌夏五月從仕郎紹興路嵊縣丞東平徐瑞述

按輟耕錄及明呂原所撰詞記俱作徐瑞至治石刻作徐端府縣職官志並同錄之以存疑云爾

剡山栽木紀事

明　周汝登

縣學員刻山其山在城内者凡若干畝若無林木夫山巉屼無木若人之立而褫其衣其足爲衣服之土乎哉嘉靖間吳侯三畏令民家各栽松不栽有罰乃以遷去勿果後十餘年侯家居凡數致書惓惓以栽木爲囑侯之用心勤矣迨隆慶間薛侯周丈量土田以城内之山並不起科納稅攤在概山亦令栽松又以調去勿果夫二公惓惓而不得覩厥成功豈一林木亦有數耶余以爲郎不栽松栽竹亦可夫栽竹隨月皆宜且易成林今府中臥龍山皆可覩矣誰爲此者甘棠之咏其甯有窮

香山隩散倭記事　喻安性

萬歷癸丑春余以羅定備兵移巡海使海中有濠鏡澳爲西洋諸夷薦食者凡六十年所矣三面環海惟塘基環一線可通若荷盤之梗形勢極奇巧西南夷貿易其中不下三四十國而主澳事者惟佛郎機人若釗事若和尚頭皆共襄澳事先時番舶至廣易換唐貨一出一入皆徵稅毋敢匿後緣閩中巨猾跳入撥置或逃稅或掠賣子女出海或私販硝黄及一切違禁之物至又駕言防衛紅毛夾帶倭奴潛住本澳勢岌岌有窺逼會城狀諸弁喜事者復張皇其説鄉士大夫憂形於色朝議與十萬師搗其巢穴制府張公集羣僚議行止余抗言

曰夷不足患患在蓄倭倭去夷不必兵也難者曰夷方廣製火器高築城垣復蓄倭千百爲謀叵測卽倭去夷不足患倭果易去乎哉余直應曰受事後當爲地方去之四月抵廣城報益急余密進香山但令圖所以去倭行間諜諸事隨單騎躡後行有翠微郵父老遮道訴曰澳蓄倭自雄數被闌入方築關以絶何入爲余曰澳故中國地也若築關以絶是以澳棄夷也余巡澳去倭握諸夷於掌中何以關爲遂踰關入澳門諸酋長逆於海濱疑懼未定盛陳利器番樂故令黑鬼叫跳道旁戎馬驚卻胥吏色變余霽顔遣諸酋長前導至澳中諸酋長

入謁羅拜予南向宣布朝廷恩威指陳禍福而喫緊一語惟在倭散則塽夷存倭聚則塽夷戮諸酋長稽首言曰夷輩挾重貲冒險遠與中國通有無匪徒夷利亦以利中國倭故無良動十萬師蕭薆焚之何忍爲予曰朝議果有之今親攬形勢惟截住三面海艇不使粒米渡塽止用數百人掘斷塘環一線絶汝內潰不逾半月汝萬千老幼盡爲餓鬼奚用十萬師爲酋長相顧錯愕稽首後言曰塽中萬千生命仰給天朝若有叛志是自絶也百凡惟明諭是聽余卽下令曰亟籍倭以報倭去我乃歸諸酋長連夜索倭夜半凡三四驚詰旦倭懼誅强

不能入余但令每十人一牌導以通事尾以夷主一牌入一牌出倭釋疑始魚貫入階下每牌犒以斗酒豚蹏立遣登海船余再宿候帆渺而歸明年余復巡奧諸夷投誠益篤併以從幼婚嫁之倭爲前所不忍遽去者悉遣之歸於是倭盡散奧夷悉受漢法惟謹余亦再宿而還諸酋長各攜稚子送之海濱曰此皆中國所產赤子也望天朝毋夷視我欷歔感泣久之余入翠微郵諸夷尚目送不忍還余憑軾歎曰忠信可以孚蠻貊信哉及倭抵國取有日本印結回繳制府張公鳴岡以始末奏聞逾三年繼張公督撫者是爲漢川周公嘉謨復以散

倭事宜揚於朝余懼後來者因循不復巡墺則十餘年後倭必潛滋仍爲粤患故紀其畧如此若夫經畧墺務俾處置得宜另有條議五欵勒石墺門兹未暇殫述云

紀剡中孝婦殉火救姑事　國朝錢鎔

孝婦錢愛經者剡西長樂鄉人於余爲遠族王姑年未笄適下麗山邢遵淼侍姑病歷數年如一日姑得無恙姑每賢之於人而人之賢之者亦如其姑歲癸巳秋一夕家中火孝婦驚寤起已遍燒房闥火中覔姑不得趨而出見救火者集急問姑答曰未之見驚曰必尚在火遂冒火入衆挽止之絕裾去時秋高風烈火轉盛遂不

復出皆失色驚號終莫可如何多泣下者明日火息得孝婦屍灰燼中背負其姑越姑臥房已遠不尋丈間便可出火而竟不得出姑婦焦頭爛額相持固結不解形迹宛然其手更挾一姪爲孝婦仲弟子因其父母相繼亡憐而養之於家是夕也竟斃於火余昔聞之即心欽其人族諸生名帆者孝婦兄也來請紀曰事獲旌於憲矣然家乘不可無文以永其傳敢請閱來狀與昔日所聞者無異辭知其信而有徵爲删去瑣事而錄其卓卓大者嗟乎身爲人婦坐視其姑之垂斃於火而不思一引手援天下無是人也所難者始不遽於火而出及其

復入也又不遽斃幾幾引姑以脫火而卒之殉於火脫姑於火孝婦之心乃安不脫於火而以身殉姑是孝婦之重不幸也身之不殉而何有於身後之名今其事越十有八年矣其兄猶爲之重欷累歎且欲假余文以永其傳而余執筆之頃不覺流涕慨慕而不能自已也夫以余謭陋之文何足以永孝婦而或藉婦之孝以永余文則後之讀余文者亦將爲之流涕慨慕於無窮而孝婦未始爲不幸矣余詮其事如左

題戰國策

宋　姚宏

右戰國策隋經籍志三十四卷劉向錄高誘注止二十

一卷漢京兆尹延篤論一卷唐藝文志劉向所錄已闕二卷高誘注乃增十一卷延叔堅之論尚存今世所傳三十三卷崇文總目高誘注八篇今十篇第一第五闕前八卷後三十二三十三通有十篇武安君事在中山卷末不知所謂叔堅之論今他書時見一二舊本有未經曾南豐校定者舛誤尤不可讀南豐所校乃今所行都下建陽刻本皆祖南豐互有失得余頃於會稽得孫元忠所校於其族子愨殊爲疎畧後再叩之復出一本有元忠跋并標出錢劉諸公手校字比前本雖加詳然不能無疑焉如用塁悪字皆武后字恐唐人傳寫相承

如此諸公校書改用此字殊所不解竇苹作唐史釋音釋武后字內埊字云古字見戰國策不知何所據云然埊乃古地字又埊字見亢倉子鶡冠子或有自來至於𢀖字亦豈出於古歟幽州僧行均作切韻訓詁以此二字皆古文豈別有所見耶孫舊云五百五十篋數字雖過之然閒有謬誤似非元書也括蒼所刊因舊無甚增損余萃諸本校定離次之總四百八十餘條太史公所採九十餘條其事異者止五六條太史公用字每篇間有異者或見於他書可以是證悉註於旁辯欒水之爲潰水案字之爲語助與夫不題校人并題續注者皆余

所益也正文遺逸如司馬貞引馬犯謂周君徐廣引韓兵入西周李善引呂不韋言周三十七王歐陽詢引蘇秦謂元戎以鐵爲矢史記正義碣石九門本有宮室以居春秋後語武靈王游大陵夢處女鼓瑟之類略可見者如此今本所無也至如張儀說惠王乃韓非初見秦厲憐王引詩乃韓嬰外傳後人不可得而質矣秦古書見於世者無幾而予居窮鄉無書可檢閱訪春秋後語數年方得之然不爲無補尙覬博採老得定本無劉公之遺恨紹興丙寅中秋剡川姚宏伯聲父題

題呂又鄒貴門山志　國朝潘諮少白

遊山如讀書遐覽博涉而眼前悅心之境往往失之故得一境而求無餘歉者爲善讀書也予少事遠遊海內名山溪約十歷七八每涉一奇境巖壑之趣雖足快目而困於攀躋往往數百十里得一坐嘯之地亦頗思山陰道上動履見山琴硯一舟可安臥而徧歷幽勝惜西岷東岱俱未有此不知其越人之安於越與抑江東人物果足愜人幽賞也剡中又邨呂孝廉爲予言剡溪風物如九嶷三峽而無濤瀨巖險之阻可杖策而至因以所誌貴門山泉一册見示予以臥遊之意覽之悠然有褰裳倒屣之想貴門者鹿門山也山在剡西接東陽諸

峯阜魏晉五代泉石方外如趙廣信褚伯玉輩有居之者而名則仿自紫陽朱子其先名流遊詠恒在縣東南北三面蓋剡水北接郡境而沃洲桐柏南通天台雁宕遊蹟所經其美易見而婺水至此尚未可舟遐覽者則又如讀書循習見聞而淵奧之義須尋繹得者少會心也呂氏自許公之孫隨宋南渡世居其地故悉其山泉幽勝凡晉人所謂奇深重複皆聚於西者孝廉志而表著之後之覽者必仿於是吾耽於屐笠而鏡湖去此百里未嘗一涉之者誠如書置架中目覩而塵封之也因題集句卷後他日結茅將以爲買鄰劵矣又郵其許之

否

靑山殘月有歸夢深入西南瀑布峯雪夜前溪聽鳴櫓吾將此地學雲松

右題貴門山志偶集劉滄貫休東坡太白句未暇推詠因適在疾中無善思 少白諮

越問 越紙 宋 孫因

緊剡溪之爲紙兮品居上者有三蓋篠簜之變化兮非藤楮之可參在晉而名側理兮儲郡庫以九萬曰桃黃今最顯兮蒙詩翁之賞談加越石以萬杵兮光色透於金版近不數夫杭由兮遠孰稱夫池繭牛山愛其短樣

兮東坡嗜夫竹展薛君封以千戶兮元章用司筆硯數其德有五兮以縝滑而爲首發墨養筆鋒兮性不蠹而耐久惜昌黎之未見兮姓先生而爲楮使元輿之及知兮又何悲剡藤之有客曰微哉越紙兮有大造於斯文然世方好楮而玉兮又烏知乎此君

弔剡溪古藤文　唐　舒元輿

剡溪上緜四五百里多古藤株枿雖春入土脈他植發活獨古藤絕盡生意問溪上人有道者云溪中多紙工萬斧斬伐無時擘剝皮肌以給其業噫藤雖植物溫而榮寒而枯養而生殘而死亦將似有命於天地間今爲

紙工斬伐不得發生若此異日過數十百郡治東雒西雍歷見書文者皆以剡紙相誇予悟剡藤之死職正由此此過固不在紙工今且握管動盈數千百人筆下動盈數千萬言不知其爲謬誤殘藤命易甚綺文妄言輩誰非書剡紙者耶工嗜利曉夜斬藤以鬻之雖舉天下爲剡溪猶不足以給況一剡溪耶以此恐後之日不復有藤生於剡矣藤生有涯而錯爲文者無涯無涯之損物不直於剡藤而已余所以取剡藤以寄其悲

祭周海門先生文

明　劉宗周

嗚呼士有曠世相感不齎一堂而或覿面而失之其爲

人之賢不肖何能以寸乎有目而不覩辰星之麗謂之瞽有耳而不聞鐘鼓之陳謂之聾士之於道也反身即是而不知求幸遇其人矣示我以明白坦易之說而猶不知求則亦聾瞽之夫而已嗚呼斯道之不傳於世蓋千有餘年而吾越陽明子以良知之說啟天下及門之士於吾越最著者爲龍溪先生又百年龍溪之門於吾越最著者爲先生先生於陽明之學篤信而謹守之由禰而祖一嫡相承讀其書宗旨有述宗傳有編一時學士大夫又相與維持左右底於無弊懿哉先生其於道也可謂辰星之麗天鐘鼓之在序凡有耳目者皆得而

聞且見而況其閔閔焉望道而趨者乎始先生盛講良知之學往來吾越予髮未燥也及稍有知頗欲澡雪身心爲受教地進而及先生之門而先生數歷仕途雲泥相失晚年懸車會遭學禁交游盡謝一日際聖明表章斯文首起先生爲士紳蓍蔡冀天假之緣宗周不進而奉先生於朝亦將退而奉於野而先生忽已逝矣嗚呼世有覿面而失先生如宗周者哉先生之於道固如是其明白坦易也從之者徧天下而終不能得之於宗周此予所爲聾瞽者也世之不爲聾瞽者蓋亦寡矣猶賴先生之學呼寐者而覺之自學禁以來諸名宿畧盡正

當斯道絕續之候而又不少留先生爲後死者地則其所關於世道之不幸爲何如者予能無泫然於先生乎哉先生捐館之時正宗周趨朝之日不遑走哭姑臨風灑涕一誌平生仰止之私冀先生有知終不置我門牆外也嗚呼業已聾瞽自廢矣而猶知先生之道之可尊非良知有不昧者耶其先生之啟予耶其即先生之啟天下後世耶

商烈婦哀詞　并序　　明　宋濂

嵊民商淵妻張氏貞賢而有志操事姑姑愛之事夫夫宜之處約而不懟好禮而能敎命女者指以

以爲表論婦者取以爲則年始四十五元末兵亂自溺初貞未死時聞亂每以不屈自期至是果死人於是美其能死也婦者託於夫以生當平治之世享乎上壽而令終乎閨室以爲美則宜夫既不幸而値於變亂至於徬徨四顧處身無所抑哀奮志而沈於溝瀆豈其所願而美之哉是可悲也然人之所慕者壽所樂者適意使皆獲其願止乎百年之内耳過此則無稱矣所願者貴富所甘者侈泰使位配乎封君貲殖乎千金苟無善焉將孰知而稱之貞也死而以節名事昭乎閭里而行白乎

文章過其死之所炳然如見其生讀其傳而考其蹟儼乎若未嘗亡雖謂幸且美亦宜也於悲何有哉雖然舍生而取義惟烈丈夫能之猶窮一世不可累見況婦人乎婦人爲質且弱矣而貞激義就死不顧纖介如此使其爲丈夫食君祿有勢力其自處宜何如哉彼不遇而於此見之斯其可悲也余是以辭而哀之其辭曰

薺之初秀兮天雨雪霜驅車出門兮遵彼羊腸治時孔多兮喪亂始生人逢其美兮子値其殃命之俾然兮義曷可爽終有一死兮死貴不亡舍義希生兮詠非所臧

殞身深淵兮所存者長令夫悲悽兮弱子徬徨姻親胥弔兮行道周章懿猷徽質兮人莫與方流其永逝矣天道茫茫恆人所願兮富壽平康藉其旣獲矣如歠一觴適意須臾兮未久即亡彼此重輕兮不待較量修名足恃兮與日爭光子之所安兮人甯汝傷我傷昔時兮大義不彰面目甚都兮冠佩衣裳受君之命兮有土有疆臨危畏亂兮鼠拱以降非婦而婦兮以柔化剛子質孔弱矣厲志何强使爲丈夫兮人孰敢當欷歔感奮兮越穴蹈湯使君如夫兮屹爲巨防彼之不聞兮此多烈芳吾將誰光矣哀子斯章

錢貞女輓詞　　張燦

昔應源之儀表秀發穎悟不凡正統間從予遊顧其所爲詩歌出人意表予甚異之而不意其早世方其病亟之日以後事囑同母弟深歿十二年深得子甫晬以嗣源命名則民則民年十六亦從予遊以母之節行來告爲之詞曰

吁嗟兮貞婦金石其堅兮冰蘗其苦驚藁砧兮云殂掩空閨兮泣嗚嗚歌栢舟兮情激烈母不諒兮矢心以絶髧兩髦兮我心可忘彼王雎之有別兮豈吾匹之無常婦失所天兮婦倚有姑婦姑同室兮抱姪爲雛姑卧病

兮如已疾食不下咽兮眠不貼席皇天憖遺兮姑復康聯形附影兮組衣緝裳貧紡績兮飲食雛日大兮成羽翼祀有託兮勿替蒸嘗身隨隕兮夫穴可藏抗修名乎共姜

跋丁寶臣修學宮碑陰　宋　蘇復

世之爲吏者往往以簿書期會爲政事之本以剝下奉上爲進身之梯及其下者飾厨傳以悦過客濫公帑以市私恩至學校則視爲不急之務而漫不加省夫豈知風化之源實有在於兹也三衢毛公來宰是邑下車之初即以黌宇無完爲不可後於是夙夜究心營葺有序

又得丞佐諸公一時之賢皆好文善士樂贊而成之曾未期月昔無者今備一日公登堂慨然曰先聖之宮學者肄業之所可無俎豆容弦誦聲乎邑里士子欣從其化爭先掃治齋几布袍韋帶翕然而至濟濟詵詵有魯鄒之風矣時邑之先達鎮江通守黃公堯舉因出示慶歷中丁公初興學記以贊公之盛美命鑱諸石以示源流所自後之來者苟皆能以公之心爲心如公之不忘前人信斯學之不廢矣

書張處士墓銘後

明　方孝孺

外爵祿而貴富者君子也待爵祿而貴富者衆人也備

萬物於一身，天下之富孰加焉；友聖賢於千載，天下之貴孰加焉。不有得於此而顧有慕乎彼，則其所慕者庸知非君子之所恥也耶？孔子賤千乘之齊侯，而取首陽之餓士；曾西薄志得位尊之管仲，而畏仲由。世俗之所謂富貴貧賤，豈足論有道之君子哉？嵊之琵芝里有處士曰張公珵，字克讓，生於世者七十六年，而不階一命，不資斗祿，以布衣終田里。然和易純正之德見推於鄉閭，雋拔清遠之文尚友於古人，寓至富於窮約之中，存至貴於貧賤之表。有子五人，既沒，而叔子思齊爲陝西左參政，少子遜亦以通儒術薦爲紀善，諸孫勝衣冠者多至二十二人世皆日處士富貴人也身不待乎富貴是以澤及乎後昆張氏之富貴其亦異於恆人遠矣蓋道德有餘而天之報有不至者後世必蒙其福然則張氏之孫曾欲保先澤於悠久者可不以處士言行爲法乎參政公名可家以字行由觀察使拜今官學行政事君子以爲不媿其先人云

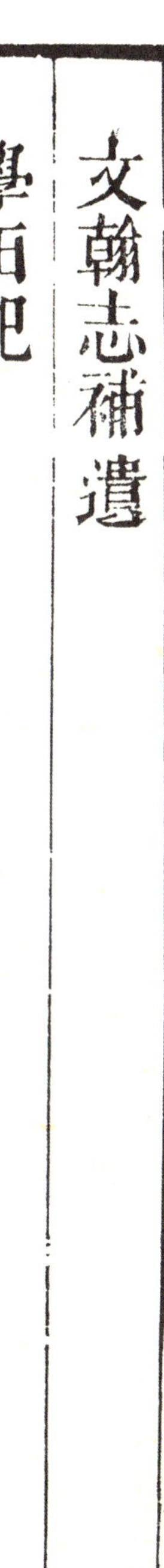

文翰志補遺

學田記

嵊縣建學久矣至紹興三載縣學長諭始與諸生共出力創買田地爲齏鹽之計既而告之于縣縣爲命公吏置案牘歲督其入以給廚饌尙慮綿歷歲月事或遺忘則又書其步畝之廣袤稅賦之重輕暨佃戶之姓名租課之多寡咸刊諸石以傳不泯

紹興五年十月初一日右儒林郎知縣主管勸農公事姜仲開立石

杜春生越中金石記按高似孫剡錄載王銍所撰修

學碑稱淄川姜仲開建學堂移殿廡與門南向諸事文題紹興五年九月甲午則與此碑皆仲開同時所立蓋因修學之舉并置田地以供費用焉

廸功郎戶部贍軍酒庫李宿撰令史安之治績記

嘉定歲在癸丑十二月十五日故太師魏王之孫史公爲剡令尹公臥至而宣天子德意講求民瘼憫剡之爲邑其土瘠農艱而又困於租賦之重思有以紓其急於是節浮費剔民蠹疏利源明年閱兩稅之在民未輸者絹爲疋二千一百十五綿爲兩二千五百九十一錢爲貫七千米爲石三千二百六十一乃喟然曰吾昔所積

非以自膏益爲民也乃盡出以代其輸又明年復錮坊郭和買絹四百疋錢二千貫父老歡呼鼓舞塡溢道路僉謂此自古所未有昔之爲令者鞭笞敲朴惟恐吾民輸之或後公一旦乃能捐一二萬緡以予民其所以惠剡人者厚矣將思揄揚稱頌以大公之所施乃相謂予曰執筆墨以紀其實子之事也願立貞珉俾狀高明垂憲於後予不得辭因次第其語以爲治績記惟公剛方不撓明敏有餘其爲政也嚴而不過於苛寬而不失於縱自下車之始卽以興利除害爲念凡事之切於民者以次而舉行曩者鄉校頹圮久而不葺生徒無肄業之

地公乃更故址卜爽塏殿宇崇嚴門闑靖深講藝有堂棲士有舍倉庾庖湢莫不畢備而又增米廪招名儒日有課月有試故庠序沸絃誦之聲士子資作成之力義者稅籍不明無所稽証鄉胥肆走弄之奸公乃分置鄉官總以機察考經界之畮步括戶口之逃絕而又爲重立版籍第土色之上下列賦稅之品目俾收除可稽多寡可考產去稅存之患一洗盡去故民得輸納之實吏無隱漏之弊自昔催科漫無程式吏裂片紙謂之揹標朝出暮入人不堪追呼之迫公謂此非所以便民輸也乃創置匣簿總一戶合納之賦寬爲之數以二十日爲

一限俾人戶以當輸之數自書於簿親爲攷閱民皆樂輸而吏不敢以侵欺故已定者不至於妄增而既輸者亦免於重納自昔訟牒繁委不能徧覩雕刻月日都保爲之印狀令止親押而已公謂此非所以伸民冤也乃日受一鄉之詞訊問詳審事至卽決庭無留訟而門階至於閴寂禁令明具務在必行人不敢犯而犴獄爲之常空邑有宿蠹短長無敢誰何公乃嚴追捕窮黨與而譁狡者莫不縮首鄉有奸民縱橫村落戶不寧居公乃盡疏其惡上之於郡明寘典憲而强梗者悉皆屏跡春久不雨遍走羣祀隨卽沾足蝗雖入境所過多食草木

之葉未不盡傷故剡比他邑獨得中熟人皆以爲精誠德化之所感至於修舊城以防水邑民無倉卒墊溺之虞建浮橋以濟涉而往來遂免呼渡之勞自縣治而至諸聽自驛館而至倉庾旁及神祠寺觀或增飾或創建內外煥然觀瞻一新費貲辦於官而民不知擾又以其餘力累石爲山植花木築臺榭簿書之暇領客周旋其間以觴詠自適曾不見其作邑之難也剡在會稽素號劇邑異時雖以武健吏居之猶日救過不暇公當頽斃敗弛之後雍容辦治不聞厲民駭衆之煩而百廢具舉夫少試一邑雖未足以盡公之才而施設煒燁皆可稱

迹他日紀綱百度陶融萬化亦自是而推之耳記成以示父老父老曰子紀公之治無溢美無愧辭可以示將來乃命書而刻諸石以俟觀風者採擇云公諱安之字子由四明人也

按史安之仕至朝奉大夫浙東按撫司參議父名彌正浩次子也浩嘉定中進封越王改謚忠定孺人劉名元薇字幼和開禧初進封鄆王劉光世其曾大父也子雲卿見越中金石記劉孺人墓銘

元邑士王璘撰重修學記

國家承平百年崇尚文治廟學徧郊邑以至遐陬僻壤

可謂盛矣皇上御極聿新庶政詔中外舉守令設六事以考績學校興舉居其一焉膠東冷侯首膺選受儒林郎來尹嵊邑奉揚德意以化民成俗爲先務下車三日謁先聖廟顧瞻衆宇破陋傾欹惕焉是懼力任修治謀所以裕財贍用之方進諸儒而諭之曰室宇之敝若曰某任某事則將滅裂而苟完與其聚物而儆工奚若衆議之有協廼度多士之產畝出一錢復其雜徭士樂輸得錢若干選邑士及吏民之能事者使率作掄材首修禮殿自門表而上曰秀異亭自靈星而上曰戟門禮殿之兩廡爲從祀論堂之兩廡爲齋舍繚以修垣廢者起

隮者圄佩甓玙墁峻整嚴窈藻飾黝堊文質相稱生徒有舍庖廩有次南面之像侑食之容衣裳冠履儼然繪繡繪之中始工於至正五年春閱十月告成剡人士謂侯斯役不廹以官府之威而士樂於趨事復新觀之美不可無以垂訓將來按嵊學之建始於宋之慶歷八年重創於建炎元年嘉定甲戌徙今所歷歲既久其獘已極元貞二年始加繕修後至元二年復施營葺未幾輒壞今侯因舊爲新名修而實建也後之繼者能心侯之心欽體上意以盡興舉之職雖永久弗壞可也士之鼓篋而來者藏修於斯游息於斯可不知所自勵乎瞻夫子

之德容依夫子之廣居講明乎詩書六藝之文求盡乎修己治人之術駸駸乎鄒魯之風著人材之用昌文運之盛以副興舉之意是侯之澤被於後人者殆未艾也宜書侯名瓚字彥中由庚午進士三仕而宰斯邑律己恤民見諸輿頌非學校所係茲不復贅云

二戴書院山長巴西周宗元文昌祀置田記儒學提舉天台楊敬德篆蓋 多闕文

文昌者蜀梓潼縣七曲山之神君也繇唐訖宋學士大夫皆敬祀之以　爲司祿　文治科第之神故爾國朝文運肇興延祐間加封神君　徽號褒顯甚渥由是文昌

之祠盛於天下剡　祠故　時在北門之桃源觀道
元貞丙申而遂毀至正甲申縣幕長天台陳濬率邑
庠之西序像設几帷規制稍具適令尹膠東
冷侯瓚爲邑作新學宇復增飾而加美焉維無以供牲
饎爲慮明年士人楊志弘請以其里社禳禬田爲民佔
者歸諸祠以　用狀上侯與縣長也速迭兒侯議許之
俾敎諭楊至覈其田得若干畝盡歸于祠於　祭祀有
備文昌之神有所依矣猶懼後人或失之也定其畝步
計其歲租之入既籍于官復上諸府又以爲永久之計
也立石以表其畔於戲政成之暇而能興廢補獘　文

昌之　益　後剡之文運益大於前皆賢侯之力也
其又可忘乎遂爲之記時至正　年龍集丙戌　十月
上澣日立石

按文昌神晉常璩華陽國志云梓潼縣善版祠一名惡子民歲上雷杼十枚此民間私祀之始其後後秦姚萇立張相公廟祀之猶未以爲主文治也至唐封順濟王宋改封英顯王元加封輔元開化文昌司祿宏仁帝君遂爲專司科名祿籍之神　國朝嘉慶六年秩於命祀追崇三代致祭禮文與關帝同道家者流或傳會爲文昌之星又或創爲化書之說支離怪

誕不可究詰要指爲梓潼縣七曲山之神君者近是

楊敬德字仲禮臨海人元統中嘗修赤城志有詩見

顧氏元詩選杜春生越中金石記

元應奉翰林承事郎同知制誥天台楊敬德譙樓記

嵊會稽山水縣也治據星子峯之陽清溪千仞白雲萬層浮暉空翠流景常新足以濬清明而神志氣宰斯邑者豈弟廉慎之士莫不喜其地偏境勝俗美民淳而盡心焉至正甲申膠東冷侯璮來蒞茲邑侯由儒科興廉勤宅心人民化服訟庭晝寂鳴琴衎如也度可使民矣乃與僚佐議葺新廳大脩學校顧譙樓之址鞠爲茂草

鼓角寓他所垂四十年比邑父老而計之咸願以浮屠氏助役之資給其用侯從之市材深谷爲天旱溪涸慮致力爲難俄而大雨水溢浮木而來如赴期約售工傭徒厚於私家之直民懽趨敏給不久就緒經始於至正四年十有二月落成於明年八月爲樓横八楹縱十二楹旁舍翼然崇以層臺繚以欄楯横北加昔其木石甎甓之材與夫工匠之需官無費而民不擾從鼓角其上以時與息深得古人申儆防微之意云嘻上古聖神治歷明時以熙庶績秩東作西成之務爲先而挈壺有職雞人譁號上焉致猶色示朝之戒下焉謹出作入息之

度政教之巨細不同所以儆怠荒一也夫中人之情不禁必放逸不儆必玩愒尙何望歲功之成耶唐太宗用馬周言以鼓代傳呼之制譙樓始遍郡縣亦古法之通變者矣孟氏談王道首言耕桑使林林之衆興息有節惰游知懼耕桑茂矣寇攘屏跡風俗淸矣晨昏號令豈非治懦田厚民生之一事耶如侯可謂盡心焉耳矣然而左右鼓舞仁漸義摩以作新斯民尙有其道侯異日膺岳牧之任盡攄其所學以白儒者之効於當世士林之望也

元儒學提舉楊翮譔重修學記至正二十四年

嵊縣儒學教諭項君昱謁告來杭請於予曰嵊屬紹興爲縣其治在四山之間廬井富盛素號樂土比歲外難接壤不時突來至正二十一年悉罹蕩燬學居西南陬羣峯之麓亦復延燎獨存論堂自是以來釋奠無所講肄靡托昱初至官不遑寧處會浙東元帥周侯紹祖以江浙行省平章政事光祿李公之命來縣撫綏謂縣尹邢君雄曰今庠序徧天下 國家以之崇聖教育人才廼茲嵊縣以廢不治厚倫美化之原殆且榛塞其曷可已也我其圖之顧惟學廪鮮微不足以周用則身爲之倡出俸稍以裨之於是上類輸費翕然勸趍侯爲選於鄉

儒取其能者俾董其役構堂宇爲五間左右翼以兩序設主堂上以行朔望春秋之禮左序以教諸生右序以爲學官之所寓又別築室三間還文昌像而祠之始事於二十三年十二月甲子至明年八月庚申休工縣尹實相其成侯所經畫一不擾民而學制以立侯之言曰吾篤志於斯甚至殫其力而爲之以時之不易也故其所成就僅若此後乎今兹必將有恢拓而宏大之者此爲之權輿也是以侯之在嵊適當兵燹之餘而能作新儒學斯文賴幸請爲文以紀其績刻之堅珉予惟古有學而無廟故皆祀先聖先師于學後世先聖先師之祀

爲廟而立像焉非古也今嵊縣之學雖誠草創然深有合於祀先聖先師於學之義學者尊尚聖人之道顧豈在於崇侈哉周侯之見殆可謂卓然者已嵊自周侯之至也流亡日歸荒萊日墾廬舍日完商賈日集而士君子獨以嵊之有學爲侯治績之最原侯之得展布其材者不由于光祿公用人之審歟初侯嘗作劉寵廟于錢清在嵊未幾起廢二戴書院新王貞婦祠其於名教蓋惓惓焉也嵊之學者覩侯之當斯時不以庠序爲緩其亦思所以興起於學乎聖人所謂造次顛沛必於是者予願爲嵊之學者勉之周紹祖字繼先陳臺人是歲龍

集甲辰九月丁卯記

越中金石記按光祿李公吳張氏將李伯昇也繼先

周紹祖字紹祖移建劉太守祠陳世昌撰記碑已著

錄修二戴書院嵊人許汝霖撰記修王貞婦祠天台

徐一夔撰記二碑俱未之見楊翮字文舉江甯人官

至太常博士入明洪武初卒著有佩玉齋類稿陳旅

虞集楊維禎皆爲之序邢雄郡邑志皆作容嵊志稱

邢以邑人攝縣事公正有威亂世賴之後歸於明意

容或其改名歟項昱溫州人訓導崔惟遜乾隆府志道光縣志俱未載

明訓導天台施震撰重修明倫堂記

歷代帝王肇興暨我 皇上御極莫不以學校爲先務蓋以敎化所基民風所自以之育材圖治養老尊賢大道所由出也故自京師以及於一郡一邑皆有學宮之制必前爲之廟以奉先聖先師後爲之堂以叙師生不爲之廟則無以俾諸生知大道之所授不爲之堂則無以俾諸生知大道之所受是故世代有更革而學宮之制不能有所損益顧玆天理民彝不容泯滅實吾孔子之功德與天地相爲終始故嵊縣儒學蕩於兵火前廟廼至正中周侯紹祖所建後堂雖存年久朽腐老屋敗簷不勝支吾洪武二十四年弋陽湯輔師尹以進士授本

學教諭而震適來爲訓導先是四明之胡愚仲如在焉朝夕升堂視茲棟宇凜乎不能自安者有年矣聞之有司會公事繁劇不能爲意教諭廼與二三僚友熟議而詳記之得一廢宮遂遷其材而構焉凡爲楹三十爲間五其爲梓匠之工九百遷運之工八百爲衆匠之飲食僦直者師生之廩稍也爲運遷之勞者諸生爲佃之力也其犒勞之禮者有司及師生與學諸執事也其勞度調護以總其事者教諭湯公也其課章程以贊是役者訓導胡公也經始於洪武二十七年九月丙午卒事於十有一月當時與諸生與邑中之儒友合燕而議之遂

有請於震曰斯堂也其材大其用廣是何其速且固也凡廟門之石砌殿庭之戶牖香火之几宮牆之門簠簋罍爵倉庫庖湢皆舊所無而今悉有之上不煩於有司下不傷於民財先生之功與斯堂之建固爲永久矣先生盍記之垂諸後乎乃進諸生而語之曰顧我職分所當爲實不得不爲之於以爲其所可爲而不强爲其所當爲此湯先生之能爲亦爲其所無事而已爾經曰百工居肆以成其事君子學以致其道故道不可不講講道不可無地今既有其地矣而可不講學以進於道乎譬猶今既肯堂矣爾其不肯構乎二三子以無忘講肆

以明彝倫之攸叙以之事君以之事父以之而使衆無不盡道理則斯堂之成完且美矣豈曰辭章云乎哉諸生咸曰敬受教請鑱諸石以無忘先生之德洪武甲申記

勑提督南畿學校山陰薛綱撰開拓學廟記

浮梁戴侯廷節以名御史出守紹興郡下車之始以興學育才爲首務化民成俗爲己任有一善則揚之惟恐或失今年春侯命所屬嵊縣學訓導王洪馳書告予曰嵊庠之制予所知者初成化改元予季父戴士雍先生來爲教諭顧瞻廟學卑隘弗稱乃與邑令滇南李春議

曰嵊以大邑學校如斯曷足奉揚文治以淑邦人乎遂相與詢訪旁近居民欲買地以廣其制邑大姓今義官樓秉直聞之即謀諸弟今邑庠生克剛捐地若干與其直辭弗受予季父高其義欲立石以記之適去任不果今予幸而假守茲郡曠典不舉予責也子嘗以督學爲職且居鄰壤於書其事爲宜宜勿辭按紹興圖經地志嵊縣學在剡山之麓後據高峻前左右三面逼於民居戟門之外路屈曲非正道旁有樓君秉直之地栽竹成林藝蔬盈圃雖購以重金不可得也一旦嚮善慕義能以膏腴已業割而歸諸學宫使遊息有歸講習有所撤

町畦於外而蕩然義路之可由大規模於中而壯哉禮門之可闢吏民適於邁之樂士子無茅塞之歎秉直此舉其有功於斯文也大矣撰厥所自亦由士雍先生與李令用意開拓有足以感發人秉彝好義之良心者其功豈小哉法宜牽聯得書嗚呼凡人爲善不求知於人而人自知之不求福於神而神自福之予觀秉直捐地之時士雍先生欲記其事不果而去若將泯焉詎意十年之後其姪戴侯實來卒其志以彰秉直之善於永久聖人在天之靈若有陰使之者爲善之勸有如是哉用書以爲好義勸

教諭陳烜撰裘氏尚義碑記

夫尚義之心其來遠矣昔范文正公得地于蘇之南園術者謂世出公卿公曰與其貴吾一家子孫孰若吳士之多賢也遂以其地充學宮今傳之不已剡西裘氏裔自會稽雲門世不異居宋祥符中旌爲義門後徙居於剡之崇仁鄉世以清白傳家樂施好善爲剡之鉅族稱有一君子曰守溫者傑然下弟五人充萬石長協力趨公不少懈息置地一方營結廨宇旁有空地切臨學宮往往術者有言近年科第乏人皆由學門壅塞故也時得邑丞溧陽方侯暇偕僚友師生臨門平視風水果如

術行詢及此地何主庠生周泰等具白裘氏世業有生曰鈴者在焉侯欲得之鈴告有父兄在不敢自專翌日遣人馳書往請兄曰守良者老疾弗能行命弟曰守儉者乃生之父來官侯勸受以重直辭曰但欲一邑人才之盛金帛非所願也遂度地竪長十丈餘橫廣一丈八尺致書獻上侯嘉重之設宴琴堂花彩送迎不意侯適丁內艱不果其事未幾潮陽許侯來知縣事朔日下學言及於此師生詳告其由侯喜曰既善於始當善於終即日命能董工充拓其地平正具文申請提學憲副胡公建立外號東西間數嚴東生徒宿歇肄業既成侯又

謂尚義之事人莫能爲裘氏毅然此舉不受重直可謂能人之所不能矣宜嘉尚之將欲蠲徭役待禮貌不過悅其一時曷足以垂永久必將勒碑刻銘立於泮宮庶可以感其情而啟後人矣敢求先生爲文以記其事余愧菲才濫叨敎席義不容辭且彰善癉惡執政當爲不待余贅矣雖然能好善而不能知其眞者有焉能始其事不能終其事者亦有焉今裘氏捨地于學而致人才迭出其尚善之徵世罕及矣許侯能勒石鐫名以垂不朽其作興之意千載一逢耳爲裘氏子孫者當世守厥緒而不忘其所自以紹義門之流芳也耶余因侯命不

揣蕪陋姑述所聞文正公之事併與今日裘氏樂爲之記以俟夫將來云

訓導王洪撰裘氏尚義碑記舊碑剝落無考今記夏雷補作

事之所當爲者義也然必見之明而後能行之果嵊耆民裘君彥功庶幾於是乎慨初嵊未得其學之基之善也故宋時凡三遷而定於今所負高向明居民鱗次其下彥功之地實當聖門觀者苦其塞而隘令是邑者嘗思有以購而闢之裘氏兄弟自相討曰已有之利於家學有之利於衆利孰多乎購之則得金獻之則得義必將購之乎因籍其地之袤廣之數以獻縣之丞方君嘉

獎弗置庠生楊浩輩喜躍稱頌言於繼令許邦賢請予記之予惟上以義倡下以義應所謂上有好者下必有甚焉者也向使彥功知之弗明未能行之必果將至於事勢之不得已而後授之雖授之必購之不煩其購不廹於勢毅然行之其過人之識行義之勇常人有弗能及者焉然仁義未常不利裘氏子孫采芹於泮蓋四三人焉既得以其樂聖門之闢而其美名又同斯學垂於不朽春秋䄍奠特須聖胙以旌榮之是亦行義之利也雖然先儒有曰有所爲而爲者利也非義也裘氏之心初無是也予乃道其食報之常以爲後之尙義者勸焉

成化九年五月望日記

儒學教諭三山陳烜撰重修明倫堂記

嵊學肇自有宋迄於國朝幾更興創洪武三十七年弋陽湯君師尹以進士來典嵊教重建明倫堂抵今八十載矣歷年滋多材木朽敗東支西抵勢猶若傾成化巳丑余忝職教於嵊晨晡升退叙倫講道恒在於堂每遇風雨輒有覆壓之恐切欲脩構力不逮志嘗告之令尹許侯侯曰吾責也行當圖之即日計工具材諏卜吏置凡梁棟榱桷腐陳者易之以新其堅可用者則仍其舊不兩匝月堂成矣向之傾者立缺者完撓折者平且整

澹素者加以繪飾其大勢嚴正起人瞻仰足以安居朝夕於時叙倫於時講道自公退食委委蛇蛇雖疾風甚雨無復前之恐矣暇日同寅司訓金陵王君宗大福安連君德明僉謂余言吾儕安居維新之堂當知許侯之績甯可無文以紀其實余曰實獲我心遂命諸生索堅珉而磨之且自記之不辭嗚呼成大事於兩月之期而邑人不知其勞且費也豈無自哉良由上人知所當重蓋建國立君教學爲先是學校乃所當重之地許侯灼見於是而先致意焉可謂能重所當重者矣則其營建速於成功夫豈不宜昔鮑德守南陽修起黌舍而百姓

歡服陳襄守常州𠛬始郡庠而成之不日推今邈古郡彼驗此孰不由其知所重也耶且侯之重學匪特建此一堂而已若殿廡齋舍堦砌垣墉罔不時加修葺諸生學業廩餼皆課之甚勤養之彌厚其有功於斯文豈淺淺哉記之爲宜若夫詞清訟簡盜息民安侯之餘也記爲學作故不詳贅侯名岳英字邦賢廣東潮陽世家云

儒學訓導金陵王洪撰始建鄉賢祠記

鄉賢祀於學宮所以尊崇先哲激勵後人豈無故而然哉越之屬邑爲古剡溪山川鍾靈名賢世出在晉若會稽內史王羲之車騎將軍謝元處士戴逵暨其子顒在

梁若追贈齊忠貞公張嵊在宋若太師姚舜明及其子編修寬參知政事憲國子錄許桌定成尉張愁或隆德業或懋功名或以氣節著或以學術鳴是皆烈中表表之光者心迹昭然載諸方冊柰何千數百年祠祀尚闕非關風敎者之咎而誰歸三山七華陳先生來掌學事首以此舉爲務乃與余暨同官者福安連先生謀以建祠各節俸羡爲之倡復募諸生及邑之好義者助資有差積若干緡遂相基於廟學東南隅市材鳩工爲祀堂三間中廣二仞旁各如中之半深如廣倍之高如深之再仞經始於成化壬辰之三月畢功於是年之五月規

模堅樸足稱神棲自王謝以下羣賢奉以木主而像設弗事叙以世代而名爵弗拘既尊酒潔牲諏日告成矣諸生王輔張昇楊浩裘銘周山董懼其久而無徵爰要余言勒諸堅珉用垂不朽惟羣賢之心之迹正先儒所謂太上立德其次立功其次立言者是已然則合祀學宫豈無其説歟考之於禮聖王之制祭祀也法施於民則祀之以勞定國則祀之以死勤事則祀之撫羣賢之心迹而律之則祀之享之皆無愧矣繼自今能俾嵊人咸興仰止之心思奮匹休之志其有功於世教孰甚焉於呼舉千載之闕典著一邑之表儀徵士華先生吾知

其或幾茂於息矣先生名烜號南窓余既歷述建祠之由仍俾刻助貲姓氏於碑之外內庶嵊人益知勸云

餘姚王鈇縣獄記　成化二十一年乙巳

川之廣安李侯實蚤以博士弟子員游太學援例授山陽丞侯蒞職清慎綽有猷爲故山陽之民悼歎稱快聲稱籍甚後以丁艱去轉徙姚邑其治政一如山陽時會嵊邑員鈇郡守檄侯署邑事夫丞以佐令於政之可否惟令是決侯既眎篆涖一意士之得展猷爲至則首恤民隱老人老幼人幼孤人孤百廢具舉又以姚之所以理民者理之也時値亢暘躬齋沐露禱仍出巳俸爲香

幣資故雨澤輒應旣有以得之於人又有以得之於天自是政日就緒先是催科者職不究致民常稅逋負乃多方曲諭弗率者繩之以法不旋日而宿稍追償民亦無怨慼囹圄舊在縣治側因水患傾圮弗支暫係囚於儀門東偏屢致竄亡爲守者累侯曰治民者庸可惜小費而累公府耶乃相故址出公帑之羨兼濟俸貲庀材鳩工囹圄不日完好不惟新政令於一時而且遺餘澤於後世上下咸德之茲新令將代邑民史叔正等介餘友徐肅夫覲余言以記其績竊謂親民之職會員缺權受檄署衙者以爲職無常守不肆爲漁獵則偈日玩月

而已矧望其澤於今而利於後耶凡治之利民者以其久而後滋也侯視篆未閱半朞而政績彰彰致民之恩乃爾何哉昔子產爲政三月而邑人頌之孔子常稱爲惠人以其澤之足以及民深也侯之仁其與子產同乎非耶審此則侯之爲政推其淸愼之素心固無常暫也使其治之久職之專孔子所謂三年有成者其在侯矣蓋不負於爲丞者也庸勒其績於石以爲牧民者勸

提學副使莆田鄭紀重修學宮記　宏治四年

聖人之道高厚如天地光明如日月變化如風雷之不測流行如四時之無窮聖道之大如此豈淺陋胸襟所

能容耶胸襟之大固由學問之功然仰瞻想像之力亦不可誣也嵊紹屬也學宫舊在剡山之麓舜徙於縣治東南宋慶歷間沈令振又徙於西南嘉定間令史安之又徙於鹿胎山即今基也夫一學而屢徙意者以風氣之不完與基地之不廣與生徒升散道里之不均與宏治改元予巡學至嵊謁廟登堂遥望山岡雄峻地勢軒昂兩浙所未有也因細叩而静觀之蓋座元武而案白雲輔四明而弼西白林巒吐吞江流繞護氣之完也自外門而入步高一步至廟堂殆百步有奇濶亦半之地之廣也去縣治未半里舟楫來往於前民居輻輳於下

道里之均也惜廟貌門廡隘陋傾側有弗稱焉廼問策於今縣令夏侯完復曰往者分巡僉憲鄒公霽嘗與是僉已發白金五十兩以市材矣因改他巡而寢近者郡推周進隆亦嘗區畫矣竟奪於賢勞向完到任亦嘗禮諭義官袁熙等之有力者樂助有差又無上司以爲綱領今大人先生舉此殊無難也於是因其山之勢別畫廟圖而興造之責悉以付之既而慮材料之不足廼拆圓超等廢寺以裨益之又慮邑政之劇又令典史趙鉞與訓導方輿以董助之原廟基逼近明倫堂今則前其三丈原戟門逼近廟墀今前其七丈又半廟五間高四

丈七尺濶倍之深七丈五尺堂廉之上五之四廉之下一廉高七寸聖像配哲俱在堂上其下則容祭執者之周旋也墀濶九丈準正廟也深半之容兩廡也戟門臺基高一丈四尺新闢築也門屋高廣因舊規也門之階下爲泮池中結以亭題曰咏歸梁於池上以通亭也聖賢塑像增以高大冕旒章服飾以華彩臺基几案幃幕之類皆藝繪堅鮮稱殿宇也明倫堂兩齋櫺星門鄉賢祠號舍倉庾饌堂射圃庖湢之處皆易腐爲新稱門廡也始事於宏治元年十二月畢功於四年六月侯函書束幣請記於予夫聖賢之道故不因所居之地而有所

增損學者之胸襟則未必不隨所見而爲廣狹也今之學宫如是則諸生摳趨而至進拜於庭者仰瞻四十九表之容似儼而溫似溫而厲安坐如申申天天端拱則襜如翼如左顧則深粹之顏中和之思右顧則誠篤之胷巖巖之孟一堂之上有誾誾焉有侃侃焉有行行堂堂焉皆足以豁其胷襟醉其心目苟質之近似材之可及者想之像之挹德容於吾身模規矱以自固則聖賢之域可指日而至也其爲功豈小補哉雖然先儒所示入德之門謂涵養須用敬進學在致知而瞻仰不與焉諸生退而明牕之下暗室之中其於瞻仰之所得者研

精而操存之則聖賢又不在廟貌間矣廟成夏雷韓華二子鄉闈應期而起邑人皆歸功焉然未知其有得於此乎否也諸生其勿畫於二子所已能而益勉於二子所未至必使陋巷環堵無非學也然後可是爲記

訓導周俅抗塵樓記

抗塵樓者予公暇退食之讀書遊息所也樓有十數楹上覆以瓦下甃以磚結石積土爲基繚以周垣植以花卉雖廣僅踰丈修不及廣而清明不煩爲居甚適愛之故於樓之中左置琴書右列圖史牖向南出榻居北隅時而吟咏時而遊息時而寅賓酌酒無一不在於斯焉

然斯樓也特出山頂迥隔市塵憑而觀之山之峙者蒼然蔚然環抱於前矚而視之水之流者洶焉湧焉晝夜不舍或挺而降或靡而馳如屏如障如蛟如蛇如烟雲藍帶遠近出沒變態萬狀舉不能逃吾所見此斯樓之大觀也時當天氣清朗景物娟明與一二僚友偕二三子或與同時英貴凭欄騁目莫不心曠神怡而有吟風弄月之雅把酒論文而造欲盡理還之域不必誦明月之詩而明月時至不必歌窈窕之章而清風徐來樂極不厭體倦忘歸蓋有不知斯樓爲樂抑人心之樂乎斯樓耶若夫時而春焉洪鈞氣轉品彙初亨目覩之而生

意勃如時而夏焉草木暢茂禽鳥翔集目擊之而心氣
怡如雲飛木脫時而爲秋心因之而百慮消霜凝雪凍
時而爲冬心感之而萬感寂樵者歌牧者唱舟楫往來
波光上下吾心得之於朝暮而爲旦晝之淸可以袪鄙
俗慮澄滌煩襟而爲斯樓之無盡藏又有不可得極言
而盡狀者然樓落而景物美人樂而衆美兼作樓者誰
吾嵊邑徐侯警齋先生名樓者誰吾布政叔祖翠渠病
叟侯之作樓崇重斯文作興學校出其本心吾叔祖名
之而吾記之適以表侯盛心欲侯之名同垂斯樓於不
朽也樓之作經始於戊午季冬俶事於己未孟春畢工

於庚申仲秋地基新築未實寬一年而後架造故成功遲侯實居而無倦嗣居君子當知所自毋徒居然而不思吾侯今日作之之功

僊居都御史吳時來脩學宮記

嵊之昉有學在山之麓既以有水患徙之山之嶠惟山故受雨於木易蠹惟高受風於瓦易毀自嘉靖初一脩之迨今六十年以故棟撓三宗連隊萬歷八年丹徒姜侯克昌來爲嵊令於是即諸博士所列學之圮壞宜亟修理狀聞之三臺三臺咸報可而督學使山西劉公東星守紹興郡四川傅公寵督課尤勤委新昌劉侯庭蕙

計其工若干侯乃悉索諸賦歲編所積若干不足益以學租廢寺田價又不足益以金矢之贖而訓導傳邈慎而有心計爲綜理之侯與教諭章水訓導王汝源以時視其勤惰先正廟後詹六柱以石爲之避雨也次廊廡次戟門次泮池神座故用木易以磚經始於萬歷九年三月戊寅落成於十年五月丙寅諸博士以廟貌之曠有年賴侯以炳煥於邑中得有瞻依惟士暨民靡不樂觀厥成於已與有榮侈相與礱石命諸生尹紹元王嘉士徵予爲記夫爲政孰不用民惟用其所不得不用民亦罔有不信者嵊之學勸相而亟於成若此所謂悅以

先民者耶文學子游之爲武城不聞他政以所聞夫子者聲之絃歌欲使君子愛人以成其爲君子小人易使以成其爲小人其取人行不由徑非公事不入室歸重於子羽學校賢才政之首務也侯之是舉得之矣諸博士與弟子曰游宮牆戴侯之功思以服侯之教將所學何道夫避席危坐稱天語聖世每訾以爲虛談無補治理若所謂升堂入室舍天與聖又奚稱豈聖人爲道外語歟茲越諸生所聞於鄉先夫子者熟也其宜自致之以終侯絃歌之意侯爲嵊救偏補敝節冗費以惠窮乏事多可記卽脩學其弛張先後可槩也

周光臨長春圃記李志圃作書院

剡中饒山水如清妙秀異先民之品題久矣獨爲圃一事不數數見焉余每於舞問時低迴興慨意欲南郊卜簉爲終老之區而尚有待也乃吾嵊川之有長春圃實先獲我心倚星子面四明九經縱橫八牕虛敞無金谷之侈而襲其精有離垢之幽而拓其隘逼室廬而餘口涉之趣連阡陌而便植杖之芸詩酒之客每每過從舒嘯賦詠安往弗春春已無量矣又何論羣花之旖旎萬木之離披也哉海門先生爲聖路闢榛蕪而獨於茲圃流連忘倦固知伯氏之圃繫山水之靈所藉手而標榜

吾剡中之最勝者也誰謂先生之題非醉翁之意乎故余因取鶴鳴之詩歌之而仍請鉅公髦士碩好之章作長春譜云

提督浙江楚水裴鉽惠獻祠碑記

世有非常之人然後有非常之事有非常之事然後有非常之功夫非常之人豈易得哉必聖人在位而天生申甫以翊贊之定社稷建殊勳炳炳烺烺爲一代之偉人傳之不朽我

聖祖仁皇帝繼統立極德洽中外仁育臣民其使藩服也異數殊恩備極優渥乃有逆賊耿精忠等自外生成合

謀蠢動弄兵潢池康熙十三年甲寅

命將出師分路征討授鉞於　寧海將軍固山貝子福

公剪除耿逆　貝子玉牒宗賢天生仁勇督兵赴閩由

台溫一路進發審敵機宜身先士卒算無不勝戰無不

克盡瘁以忠王事先是紹郡之嵊縣地方賊冠金國蘭

胡雙奇邢其古楊肆王茂公趙沛卿等窺閩逆倡亂乘

機竊發賊首邱恩章命鼎臣散給僞劄潛謀肆毒　貝

子察知頑醜勁卒千名與知府許洪勳殫力剿撫未幾

邢其古等以趙亦賢爲內應突入縣城焚毀縣署倉庫

肆行劫掠閭閻驚逃　貝子檄參將滿進貴訓以方畧

斬戮百餘賊城池得保無虞而賊寇僞官胡雙奇金國藺分劄縣之北鄉蹂躪村民石山頭官莊一帶尤遭流毒士女避入山谷　吴子飛飭文武各員密約分擊賊始奔竄至蔡山灣九里泉等處蟻聚蜂屯選懦觀望官兵勰力進剿執賊金國藺梟首東郊那其古赴軍前約降貸其死斂還所掠婦女使寧家而流賊俞鼎臣猶督不畏死糾集黨羽沿江恣行虜掠參將滿進貴守備周鳳凜奉軍令會同嵊縣知縣張逢歡把總馬國常帶兵由仙巖攻入知府許洪勳守備滿明侯帶兵進大洋嶺會合殺賊楊肆金光大伍大全蔣聲生魯董文昌董茂

二名爲招撫並念民人久罹鋒鏑深可憫惻令知縣張逢歡加意撫字咸慶更生是日斬賊七百餘級獲軍械無算詎釜底遊魂邱恩章復嘯聚於嵊之貴門山嶺賊黨趙亦賢賊首王茂公等與之合　貝子曰賊徒未靖民何以安第彼衆我寡祗宜智取毋以力敵乃密囑參將滿進貴知府許淇勳以北路賊勢已平佯爲班師張樂讌飲若不設備也者至夜分兵三路啣枚襲擊賊衆驚自天降手足無措賊黨王稅等賊首邱恩章等九十一人悉就縶貸脅從周明艮等二百餘人使之自新嘻令公之仁威武侯之妙算殆不是過自是而溫台諸路

悉已蕩平耿逆就縛地方俱獲安堵而　貝子則神遊
紫府矣
九重優䘏之隆哀榮備至錫謚惠　用彰非常之功壯猷
載在方策直與日月爭光有令　謳思弗替者今
天子聖神文武重熙累洽郅治之隆媲美堯舜畀　貝子
之後賢鎮國將軍德公節度閩浙經濟文章燦然具備
重蒙
俞旨奉　貝子神主崇祀名宦祠入賢良天台嵊縣閩中諸處各有專祠士民奉祀維虔久而彌篤是非德澤之入人者深焉能致此予不文何能紀其盛烈以貽掛一

滿萬之誚乎顧寗距嵊較近文獻足徵雖樵夫牧豎猶稱述不忘而予忝任提封高山仰止匪朝伊夕烏可無一言以揚其芳嶶而并自砥礪耶爰操筆而爲之記

朱爾銓修學宫記

泮水頌魯之能修學也其詞曰穆穆魯侯敬明其德又曰濟濟多士克廣德心蓋古者大學教以明心德而已故魯人因泮宫之作即以是爲君臣頌則建學與修學意可知矣嵊學在鹿嶠之翠微天姥桐柏拱其前四明太白峙其左右百川滙而經其後雪霞煙雨千態萬狀覽者神怡焉鼎革以來鞠爲茂草所留者獨大成殿與

明倫堂亦上漏下溼蘚絲莓紅不可行禮今張侯初涖釋菜於先師見而歎曰養賢之所何使至此然以瘡痍甫定不敢議興作其爲治也課農桑崇節儉尙禮樂敦教化革耗省徭寬刑息訟唯務以德明民至晴可祈雨可禱火可滅虎可驅又奇政也民信之矣然後建倉庫成橋梁修道路而學宫尤三致意焉自己酉秋至庚戌夏殿堂門廡皆榱之桷之瓦之垣之丹之堊之泮橋之石欄櫺星之石門皆煥然一新泮池皆甃以石使可儲水池中畜蘊藻池傍栽竹木蘊藻之下游泳有金鱗竹木之間翺翔來翡羽朔望講習環橋而聽者得鳶魚之

趣無不大悅余司鐸緱山隔百里許聞之躍躍欲往將親領張侯之盛時方代庖勢與願左及兒輩以事乞記遂忘其陋不知其筆之走也余因之有進焉是學之修乃侯之敬明德以爲民則也余鄉之多士可不廣德心以承侯志乎亦願澡其蕪穢矢其潔清日新又新使君臣義父子親長幼序夫婦別朋友信人人各明其德致升聞而被天下無負侯意也可余亦竊比魯人云爾侯諱逢歡號玉臺西蜀閬中人

新昌俞光道來碧亭記

剡治山水糾繆環顧青葱而鹿胎山居城北之內縣治

在焉遠含翠黛俯挹清流睇眄之下無不羅而有之昔人所謂溪山入畫也已亥春邑侯宋公始來治剡構亭於治之東偏顏曰來碧以爲憩息讌遊之所有深意焉公退之暇憑闌遐矚東望天姥沃洲出沒隱見若近若遠庶幾有隱君子乎而其南則方山劉阮之所從遁也西望毓秀諸山如列屏嶂晉王右軍嘗遊歷肆志焉其遺蹟猶有存焉者北俯艇湖蒼茫煙水風微人遠問猶有雪夜之棹乎上下古今穆然神往且悠然遐思矣見柳之依依而思啟居之不遑也見桃之夭夭而思怨曠之無聞也見竹之猗猗而思有斐之弗諼也見莪之菁

蒼松之鬱鬱而思伊人之可慕貞士之可懷也則斯亭之建所以發抒精神因物興感以寓招來懷遠之意者亦曷其有極豈止邇延野綠遙混天碧挹四時之蒼翠而已哉予不足以知公之雅懷然就公之顏亭者以思而知公之意有甚深者矣用敢忘其固陋揣公之意而爲之記

俞忠孫登曜文亭記

幼侍先君子讀書耐園有客自剡溪來曰叔度裘先生者爲言剡中名勝遞及亭山曜文亭覺意氣都揚鬚眉欲動謂崇仁鎮人文之盛甲於一邑者以此維時聽之

便爾神往越四十餘年得交先生宗人徵錫翁泛舟過訪詢此亭無恙否徵錫翁曰自明先御史子藎公剏建以來凡三繕修顧昔止三層今增而五丹䕶甫竣盍往觀乎予欣然就道時煙靄初霽疊峯縹緲騰空若將上謁天帝者睇視三峯秀異迥出爭常郎亭山者是中峯玉立參天則所謂曜文亭也相與歷級而上周遭四望獨秀東湖太白稲泉石姥諸山屏障圍抱如旌旛旗列者一泓泠泠東來彷彿撫弦動操時則達水也令人想見安道高風外此而晉王右軍之鵞池墨沼齊褚伯玉之䟽山軒嘯猿亭元處士張爚之藏書樓可隱約計不

必更上一層而碧瓦參差樓臺掩映錯出千巖萬壑中已應接不暇矣追憶叔度先生言如甫脫口昔以神往今且身歷而作之合者仍裴氏也亦奇矣哉從來衣冠文物多萃於城而嵊獨萃於鄉若崇仁且幾及邑之半謂非斯山有以鍾之而斯亭有以曜之乎宜其世世子孫保護勿替也爰書大概以誌巨觀

錢維城重修嵊縣學宮講堂記

教之盛也國與家不殊學其衰也人自爲學古者家塾黨庠州序國學以次升樂正司馬以次選教學於此取才於此上有董戒而家無異說是以道德一而風俗同

也周衰學校廢孔子與其徒講明而切究之聖道不明於上而盛於下此學之一變也漢興諸儒修七十子之緒各以師承教授鄉里生徒或千數百人太學博士宗其說不敢背於是有博士有經師上與下無異學而有異教唐宋元明講學尤盛然其既也黨同伐異爭立門戶國家之患亦往往因之夫講學盛事也經術事功之所由生節行之所由立人心風俗之所由正然而非得已也堯舜禹湯文武周公之所不立也持之者其惟學校乎我 國家

聖聖相承崇重學校凡所以表彰六經訓飭多士者靡

不至天下之學內則總於祭酒外則總於學政向之褒衣博帶虛談性命者靡然而息豈非學有統宗千載一時之極軌哉或謂學校取士專尚制義士不窮經而取給詞章雷同勦說之弊興敦行力學益不逮於古嗟乎此學者之過非敎者之本意也夫

朝廷以文詞取士豈不欲其原本經術言可施行哉士自不以經術爲文章非文章不可以見經術也不揣其本而訾其末雖解而更張之庸有效乎此亦有司司鐸者之責也壬午之冬寻奉

命視學於浙特嚴月課之法令諸生以時旁通諸經上其籍按季而覈之浙東

八郡人文推紹興嵊縣在紹東南隅較山會爲弱先是竇君忻令茲邑下車未久以興起學校爲已任時學宮歲久將圮謀於邑之好義者咸樂輸工未竟謝去黃君紹繼之益力任不怠卒底於成崇閎輪奐視舊有加焉宮之左偏爲講堂亦燬不治教諭汪君起曰是墉之責也夫與黃君分任其事訓導孫君昇捐俸以倡且謀於衆衆曰是烏可不治爭先焉是二役也一始於乾隆二十九年三月畢工其糜白金五千兩有奇官爲勸貢生崔南山監生喻學易等率士民各勤其事吏胥無旁落故爲時有遲速而工無不堅黃君汪君告成於余余

曰學宮講堂示民有學也三君子並亟爲此與邑諸紳士不惜勞費歷歲月而圖成者豈徒以其名哉當思不負此宮與堂者是宜合而誌之以告將來

郡守朱煦重修嵊邑明倫堂記

學以明倫故必有堂以爲視聽之所而一方之秀於是乎聚焉嵊據郡之上游山川鍾毓磅礴發皇雖在偏隅而人文蔚起非學校之明效歟顧學宮歲久漸圮邑令黃君紹楫倡修葺衆紳殫力助工將次告竣而明倫堂猶絀於貲未幾廣文汪君墉涖任見其風雨飄搖之將仆也嘅然曰建學明倫義本一貫學宮之鉅麗既事舉

矣而茲堂之新繼之亦易遂復與黃君共謀葺理而衿士無不樂輸爰是敝者正之朽者易之乃塈乃塗乃丹乃堊鳩工於乾隆二十八年癸未之秋成於甲申二月郁郁乎學宮講堂互相輝映於以講習經文俾爾多士其沐浴敎澤而儲爲　國家之楨幹者非茲堂有以振之哉余甚嘉兩君之修廢舉墜能善終始而衆紳之相與有成也是爲記

朱休度愛閒堂記

余與斐廬同爲廣文於剡六年秩滿去又六年來則斐廬方落成其所謂愛閒堂者是日也羣弟子咸在或問

李先生閑之訓廣矣闌也防也禦也法也遮也限也敢請指何居先生曰諸君試忖之或曰馬之閑以木闌以節義先生秉德絕邪閑外屏弗納閑内守不踰其諸西河氏之意歟先生曰否否是説也拘閡而非吾愛也則又曰易言閑有家貴有則也詩言臨衝閑閑貴有度也先生其以示教法也先生曰否否是未離乎前之説也復有起而對者曰然則先生蓋取習乎爾習者學事也不學博依不能安詩不學雜服不能安禮閑習之説也其以名學舍也宜如曰舍旃請先生自述之先生答未及余曰嘻似矣未也夫世人多忙而少閑彼忙者未有

不自僃其忙也則閑者未有不自愛其閑也宜閑斯身閑地閑斯心閑不聞潘騎省之賦閑乎發慨於巧宦遂情於拙政先生其猶此志也閑故自得自得故居之安樂之深今試俯仰斯堂剡之山悠然雲在意俱遲也閑也剡之溪淜然水流心不競也閑也謂先生愛乎不愛也諸君苟通斯義其於學也優游而不廹涵泳而有餘其自得於閑之益者遠矣卽以為先生之教也可羣弟子聞余言皆適爾眹而無辭先生曰諒哉請筆以為記先生名增鄞人余氏朱名休度秀水人記以乾隆四十又六年夏五閏月小暑後三日也

余今春來剡接永康周君咨詢任登斯堂并讀是記知堂成於周君之前任李君而記則我鄉梓廬年伯之所作也乾隆辛丑至今三十餘年堂尚完固畧加葺理頓復舊觀記則字蹟間有剝落亟設屏摹鐫之俾垂久遠且以備志乘之所采焉時嘉慶十有九年歲次甲戌小春上浣葛星垣跋

陳純士游金庭觀小記

余抵嵊二年乙巳歲十月朔有事赴東鄉歷六十里至華堂暮夷胥以假宿金庭觀請余聞之喜炬而前五里至其處僧出迎始知爲寺詢觀所由以寺後兼燭詣之

循寺廊內轉在寺後左側合二楹安樹奉像觀門向寺之香積外翼繚垣觀右即寺廊通觀步櫩區也接構小軒有金庭麗景賦碑夜不敢展禮詰晨肅拜像下像道裝少鬚髯令人想見絕俗曠逸致爲低徊者久之墓在觀後紫藤山南向後左有放鶴山東一峯名香鑪西一峯名獅子分峙左右聳拔挺秀正前五老峯彎勢屏展巔矗五小峯因名墓前有碑鐫晉右將軍王公墓七字無豎碑年月又前建石柱碑亭一座碑鐫晉王右軍墓五字碑陰鐫立碑年月并人時偕行者庠生王森侯王夢賫■右軍後裔族居華堂詢以邑志所載金庭舊蹟

咸稱宅在墓趾餘久湮無所攷云

朱珪重修文廟記

嵊居會稽之上游山脈自天台天姥而來蜿蜒屈曲至是將開宕而剡溪清駛爲山川幽曠之區故其人文亦樸而含華地勢然也唐君仁埴以名進士紹家學來司此土下車謁學宮慨然歎仞牆堂廡之剝陋曰是之不講何以爲士民式乃倡修之輿情輻湊不戒而孚不勞而集土木丕煥豆籩音佾之數次第備舉君嘗以迎鑾奏賦知名與余有交字之舊今年夏余自台度關嶺下新昌過其境問之嘉其異乎俗吏之爲也君請余爲文

記之余惟許子瑜及紫陽之門周繼元淑姚江之學嵊之賢喆代有傳人顧學校徧天下而君子儒不聞出者行與知違而義不勝利也學道之效君子小人同之而今或以爲迂闊而不切於事情然則聖賢之所以教庠序之所以設豈僞爲哉循名而求實升階而儆思感應之速徵於昕鼓孰謂教學之與吏治果扞格而不相入也余將去浙乃以平日之教諸生者舉而申之若夫修建月日及助工紳士則詳於有司之册不具書

郭文誌重建忠孝義祠記

扶輿清淑之氣必有所鍾而畸人出焉忠臣孝子義士

在地爲河嶽在天爲日星正氣之諤千古不可磨滅其載在祀典者所以扶植倫常風起後世也剡忠孝節義祠建明倫堂之側地近山麓歲久漸圮己酉歲重修文廟墍塗丹雘煥然一新而祠之隳剝如故有孝子喻祿孫之裔喻君大中者去歲曾獨建戟門而復以建祠爲己任以狀請余余美其孝思不匱義舉堪嘉急如其請以期迅速蕆事於是度地鳩工庀材礱石移建訓導廨右經始於辛亥之春迄孟冬告竣不費公帑不煩衆力爽塏堅固而祠以落成按邑志雍正五年始有專祠固表章懿行之鉅典舉而不廢由來尚矣兹乃懋昭嘉德

克展鴻規堂翼如而室煥如溪山之秀椒桂之香可爲淸風亮節實式憑之者而豈戔戔數言能紀其梗概乎今　聖天子以孝治天下教民作忠敦本尙義爰隆肇祀之典用昭風化之渲喻君獨力鼎新覃意名教維功自不可沒由是以安羣祀以妥先靈扶輿淸淑之所鍾必更有較前爲烈者蘇　子有言修其本而末自應端在斯與是爲記

郡守高三畏尊經閣記

國家崇經術厲羣材入大學者凡格致誠正修齊治平之畧莫不備于經經者常也億萬世宜共尊之者也紹

郡嵊縣自晉以來代有聞人淳樸茂美之風猶有存者儻所謂涵濡經學之力與其明倫堂後舊爲尊經閣以其傍山麓也奔泉烈風所注易滋朽蠹邑紳喻大中於嘉慶元年呈請易木以石余從其請乃更新之且繚以崇垣鑿深溝以洩水使羣籍于閣而諸生得以時誦習其子萃與涵固諸生也亦與其中邑令周君鎬鄧君天麟相繼治此土皆願昌明經學于其成以記請余思經明則行修道尊則人思嚮學今喻紳大中謀所以藏經者意甚深焉蓋有合於周官聯師儒聯朋友之義與夫世之廣爲堂構爲子孫計卽有樂輸者或加意於琳宮

紺宇而已乃喻紳前已修　文廟戟門建忠孝節義諸祠今復有此舉豈唯此閣之不朽葢將使人心風俗之因以不敝也其樂善不倦如此士之尊聞行知以仰荅作人之雅化可不勉哉因記之以爲都人士勸

嵊縣志卷二十四

詩　官師　閒題　流寓　邑人　閨秀　方外

官師

剡中野思

宋　林槩

密樹芳穠碧草齊，春華微度綠陰低。溪連剡水與何盡，路接仙源人自迷。落絮有情風上下，好花無語日東西。故園桃李經年別，一望歸心繞翠微。

遊金庭

劉旦

衡岳眞人稱福地，南齊高士寄山阿。赤城仙去騎丹鳳，墨沼人傳詠白鵝。一世風流俱寂寞，千年氣象故嵯峨。

登臨不盡懷人恨，惟有蒼苔石可摩。

高山堂　史安之

閣憑嵬搆厰軒扃，一望塵寰目暫醒。巖嶂遠供千疊翠，松篁還聳四時青。登臨雅愛恣吟筆，圖畫尤宜作座屏。我欲從君遊未得，壯心方欲翥南溟。

題畫　仇治

手執鈍斧，砍無名樹。樹盡山空，樵夫歸去。

璠田　黃份

門外溪山雪未消，高低林壑綴瓊瑤。等閒一樹梅花發，贏得詩人過石橋。

資國寺次黄别駕韻　陳烜

大明寺裏竹林間獨秀曾經咏此山松葢鶴歸能自庇
巖扃雲去不曾關簾垂香裊清風細僧定堂空白晝閒
今日屏星照勝地喜從驥尾共躋攀

太白山葛仙翁祠　明　許岳英

斷崖崔巍天驥騰虛明倒影勢欲崩太陰生寒激山瀨
微茫烟水涵青冥遠峯堆瓊摶霄漢芙蓉城高錦雲亂
殘紅穉綠春尚濃綺戶雕甍插天半當年仙子遊無方
釣車足跡名殊鄉世傳得魚化龍去千年遺事歸渺茫
雲烟蔽虧漲穹顥斷碑龍文近虫竄偶來扉屨步山椒

兩袖風生漫吟嘯

金庭山

金庭之山幾千尺上薄穹窿象緯逼寘溶霞剽臨波升造化鍾靈神所惜天台鴈宕相鉤連天吳屏翳精英騫危厓颼飀力動石律令擊搏江濤喧元精夜降祥玢穢洞鼓鏗訇徹幽秘跟蹡百怪歸杳冥仙窟丹房景奇麗右軍之居竟渺茫千年遺跡爲仙鄉吹笙子晉不知向浮邱羽化緱山陽蠙蛛脫殼影搖扤疑是丹光照書室厓間薜荔五色縈磵底石泉清夜涼望美人兮吹青宮翠嵓丹頰世罕逢握瑾懷瑜人孰與猿儔鶴侶空相從

翛然披髮步幽曠聽得瑤華聲清壯暮歸不知山月高
撼郭潮聲動虛幌

黃榜山　　臧鳳

一幅齊雲峙剡灣分明天榜揭人間登科莫作人間事
要使芳名壽此山

王淵成趣軒　　汪學曾

舊境尋山麓埋名不在深坐看飛倦鳥閒枕治餘琴四
壁圖書滿一庭花木陰涉園成趣後千載此同心

清風嶺王烈婦祠　　萬民紀

當時戎馬正縱橫烈女忠臣志不更柴市臨刑天地老

厓山抱溺水雲清赤城俘婦芳聲並剡水留題指血明
江海無靈潮故止何如遺像掃倭腥

四山閣

清江屈曲抱危城面面層巒入望明四境田疇盈澍雨
半空樓閣掛新晴傳杯促席情逾密現月推窗興自生
坐久夜深天宇淨麗譙已報鼓三更

清嘯臺

雨餘官舍長青苔時値清和霽色開但願秧鍼隨處插
不誇花錦滿城栽狂歌莫謂無風韻清嘯應知有月臺
從古剡溪多勝地須教乘興續傳杯

長春圃

王志逵

有圃名長春圃中何所有累山僅盈尋架屋只如斗梵音繞蘭若列星當戶牖異卉本過百雕闌曲成九時亦事清修時亦擕趣友時亦叶奇句時亦酌清酒撫琴慰爾心彈碁談君手東臯或舒嘯北郭或矯首我來明月中正値清秋後蕉死餘紫莖蓮枯有碧藕楓葉紅於花松枝翠於柳階除幽以閒池沼清以瀏盎然元氣融習習春生肘得與溪山親得與烟霞耦圃中許龍臥門外憑虎守悠然護桂蘭爲國作薪槱卓哉大人志學圃豈不苟

送施知縣三捷入覲　　陳士彥

河陽一縣花千樹，花下留君留不住。六龍此日御雲飛，雙鳧前夕朝天去。碧水渺渺烟霏霏，邨落人家近不稀。田疇待畬子待教，吁嗟此去何時歸。

事斯堂　　劉永祚

英雄衞道翦繁蕪，獅王一吼膽落狐。仰溯渾沌何所始，洛洸書分河秘圖。中天幾傳傳孔氏，昌黎空訶孟軻死。舜江直指天先知，龍溪海門共此水。嗟哉末流土狂奔，青牛白馬連天昏。巍巍宗幢鹿山巔，聖學孤懸不二門。不二門頭誰發光，西江紫垣耀文芒。春風一笑大小從快我下吏亦登堂天空花落雨漫漫雙朧擎來七寶盤赤羽白羽高日月偏裨莫敢睨漢壇中流砥柱更覓誰之人學問信吾師記取教人眞種子呼將童子捧茶時

明心寺　國朝　朱宸枚

爲愛明心到草堂竹陰深處亦幽凉空階鳥傍殘幢落遠岫天連碧草芳客倦懶尋高士塚僧閒喜說篆碑詳披襟還步迴廊去數朶葵花正夕陽

戴仲若墓

幾疊青山繞墓門石闌干畔古碑存黃鸝不負先生意鼓吹年年慰舊魂

借紳士淨壺山求雨　　施繩武

夙聞名勝區厥有精靈集呼吸通風雲時能宣大澤今者旱太甚甫田已龜坼民瘼劇相關請命總無益諮詢徧上下何計登衽席或言百里遥一潭深莫測中有神龍藏往往著靈蹟越在萬山中嶔嶇少人跡只恐登涉難未易鼓蠟屐予曰果若兹敢爲足力惜沐浴潔心齋相邀度阡陌竹柏陰以深郵居幽且僻宛似桃源間雅與塵寰隔從此景漸佳頓覺炎熇滌有水皆漣漪無山不壁立天紳嶺半懸噴薄勢奔激疑漱溟漠濤游戲空中滴願借鱗甲餘潤我枯苗色憔悴歎秋成億兆需明

德佇待甘霖沛敬送歸窟宅

留別嵊中父老　周鎬

余攝嵊篆二年愧無報稱而百姓厚余有家人之誼具呈於撫軍攀留至再臨別傾城以送留畫像以誌不忘何其篤也情不自禁爲賦數章

革薄還純恆久成化是所望於我去後矣吁

丁巳遜月吉周子離剡城父老爭攀留祖帳傳瑤觥吁嗟衆父老我何德於卿積弊未能革上理無由行才疎鈌撫字勢迫煩催征我俸與我祿日用胥民生中夜仰屋歎負負私吞聲我去亦已晚爾送何其誠茫茫不知

報回首重丁甯丁甯語父老歸勉爾弟兄勿以箕煮豆乖爾手足情丁甯語父老歸勸爾舅甥勿以鷸爭蚌失爾秦晉盟嵊俗薄夫婦翻改如棋枰丁甯語父老相勵以守貞嵊俗尚剛決視死鴻毛輕丁甯語父老羞效雞鶩爭忍屈勿輕訟訟勝財已傾何况聽事官未必皆神明貧富各在天勤儉家易成君看溝中瘠半屬游惰民有絲當早織有田當早耕熙熙樂休養相冀同太平我行不可挽來者其歡迎但盡子民職視爾如孩嬰剡山攢玉碧剡水合漪漪長揖謝父老回首心怦怦

遊四明山大石壁第一樓并序　張直方

觴嵊苦熱邑士丁芷園湘蘭招余偕無錫孫芳谷錢塘符矩中宿上林張君星毓家明日入山一綫危梯盤曲萬仞股慄心怖蟻行而上登第一樓再宿方去出山復紆道普安寺趁晚涼歸實情實境縈於心目因備紀之

洞天三十六四明入雲霄奇峯二百八石屋居其腰身累謀原拙官貧志忍銷故人猶念舊勝地一招邀深夜敞虛閣華鐙明綺筵吾家眞長者有客倍陶然新月沈杯底高鐘落枕邊近山無甚暑向睡獨安眠披衣帶酒痕早發上林郁路小平蕪盡天低衆壑昏海

螺蹲地出山鳥背人喧小憩長松下溪聲到耳根
翹首望仙賓樓臺縹緲間路防虛忽轉藤恐弱難攀硬
竹當危石幽花在僻山一聲淸磬迴咫尺是禪關
嵌雲撐佛龕橫澗架僧廬狐兔驚荒莽蛟龍動吸嘘鑿
山通路絕鍊石補崖虛一綫嶔寄境何年此卜居
人到三千界僧居第一樓眼中屏嶂合檻上斗牛浮形
勢空滄海江山占越甌閒天無謝句搔首但悠悠
欹客臨空曠開樽擁翠微日斜翻壁走風滿挾樓飛鳥
語空中墮人聲樹杪歸妙高峯頂望坐久頓忘機
一杯我長醉曲檻客同凭蘿磴靜時月人烟暝處燈懸

牀支脂石掛杖引孤藤中夜慈雲裏高眠半客僧
晨起步蒙茸還同眺遠峯上天騎鸞鶩坐地湧芙蓉亂
石層雲合荒崖積蘚封長懷東野句無路到金鐘
不盡登臨興連宵宿上方流星過戶白暝樹接天蒼夢
訝三人笑心疑六月涼還憐留滯客今夜又他鄉
警板醒殘夢疏鐘散曉星雲留衣上白山送杖頭青酒
力扶行屐僧情剩客亭猶疑清興迴笑語在高冥
入山衆山合出山山忽開歸途扶日走倒杖破雲來郵
遠烟痕曲沙高水勢迴荒巖餘貝葉空憶雨花臺
避囂原擇地怕暑且當風巖樹浮天碧溪流墜日紅人

來竹陰裏寺在水聲中暫息東山屐何須識謝公

畱題

尋沈剡至嵊亭（一作沈約） 虞騫

命楫尋嘉會信次歷山原捫蘿上雲亂與石下雷奔澄潭寫度鳥空嶺應鳴猿榜歌唱將夕商子處方昏

遊沈道士金庭觀（道士郎沈恭也） 梁 沈約

秦皇御宇宙漢帝恢武功歡娛人事盡情性猶未充銳意三山上託慕九霄中既表祈年觀復立望仙宮甯爲心好道直由意無窮曰余知止足是願不須豐山嶂遠重疊竹樹近蒙籠開襟濯寒水解帶臨清風所累非外物爲念在元空朋來握石髓賓至駕輕鴻都令人徑絕

惟使雲路通一舉凌倒景無事適華嵩寄言賞心客歲暮爾來同

宿沃洲寺 唐時沃洲屬剡　　唐　魏　徵

崆峒山叟到江東倚杖來尋支遁蹤馬跡幾經青草沒仙壇依舊白雲封一聲清磬海邊月十里香風澗底松何代沃洲今夜興倚欄來聽赤城鐘

舟行入剡　　崔　顥

鳴櫂下東陽迴舟入剡鄉青山行不盡綠水去何長地氣秋仍溼江風晚漸涼山梅猶作雨溪橋未知霜謝客文逾盛林公未可望多慙越中好流恨閲時芳

宿道一上方院　王維

一公棲太白高頂出雲烟梵流諸洞徧花雨一峯偏迹爲無心隱名因立教傳鳥來還語法客去更安禪晝涉松路盡暮投蘭若邊洞房隱深竹靜夜聞遥泉向是雲霞裏今成枕席前豈惟暫留宿服事將窮年

送閻校書之越　耶爲

南入剡中路草雲應轉微湖邊好花照山口細泉飛此地饒古迹世人多忘歸經年松雪在永日世情稀芸閣應相望芳時不可違

剡溪聞笛　丁仙芝

夜久聞羌笛寥寥應客堂山空響不散溪靜曲宜長草
木生邊氣城池逗夕涼虛然異風出髣髴宿平陽

夢遊天姥吟留別　李白

海客談瀛洲煙濤微茫信難求越人語天姥雲霓明滅
或可覩天姥連天向天橫勢拔五岳掩赤城天台四萬
八千丈對此欲倒東南傾我欲因之夢吳越一夜飛渡
鏡湖月湖月照我影送我至剡溪謝公宿處今尚在淥
水蕩漾清猿啼脚著謝公屐身登青雲梯半壁見海日
空中聞天雞千巖萬壑路不定迷花倚石忽已暝熊咆
龍吟殷巖泉慄深林兮驚層巔雲青青兮欲雨水淡淡

兮生煙列缺霹靂邱巒崩摧洞天石扉訇然中開青冥浩蕩不見底日月照耀金銀臺霓爲衣兮風爲馬雲之君兮紛紛而來下虎鼓瑟兮鸞迴車仙之人兮列如麻忽魂悸以魄動怳驚起而長嗟惟覺時之枕席失向來之煙霞世間行樂亦如此古來萬事東流水別君去兮何時還且放白鹿青崖間須行即騎訪名山安能摧眉折腰事權貴使我不得開心顏

將避地剡中贈崔宣城

雙鵞飛洛陽五馬渡江徼何意上東門胡雛更長嘯中原走豹虎烈火焚宗廟太白晝經天頹陽掩餘照王城

皆蕩覆世路成奔峭四海望長城嚬眉寡西笑蒼生疑
落葉白骨空相弔連邛似雪山破敵誰能料我垂北溟
翼且學南山豹崔子賢主人歡娛每相召胡床紫玉笛
卻坐青雲叫楊花滿州城置酒同臨眺忽思剡溪去水
石遠清妙雪晝天地明風開湖山貌悶爲洛生詠醉發
吳越調赤霞動金光日足森海嶠獨散萬古意閑垂一
溪釣猿近天上嗁人移月邊棹無以墨綬苦來求丹砂
要華髮長折腰將貽陶公誚

秋山寄衛尉張卿及王徵君

何以折相贈白花青桂枝月華若夜雪見此令人思雖

然剡溪興不異山陰時明發懷二子空吟招隱詩

別儲邕之剡中

借問剡中道東南指越鄉舟從廣陵去水入會稽長竹色溪下綠荷花鏡裏香辭君向天姥拂石臥秋霜

秋下荊門

霜落荊門江樹空布帆無恙掛秋風此行不爲鱸魚膾自愛名山入剡中

壯遊　杜甫

越女天下白鑑湖五月涼剡溪蘊秀異欲罷不能忘歸帆拂天姥中歲貢舊鄉氣劘屈賈壘目短曹劉牆

四明山

劉長卿

四明山絕奇自古說登陸蒼苔倚天立覆石如覆屋玲瓏開戶牖落落明四目箕星分南野有斗掛簷北日月居東西朝昏互出沒我來遊其間寄傲巾半幅白雲本無心悠然伴幽獨對此脫塵鞅頓忘榮與辱一笑天地寬仙風吹佩玉

葛峴山孤石

孤石在何處對之如舊遊氤氳峴首夕青翠剡中秋迴出奇峯當殿前雪山靈鷲慙貞堅一片夏雲長不去莓苔古色空蒼然

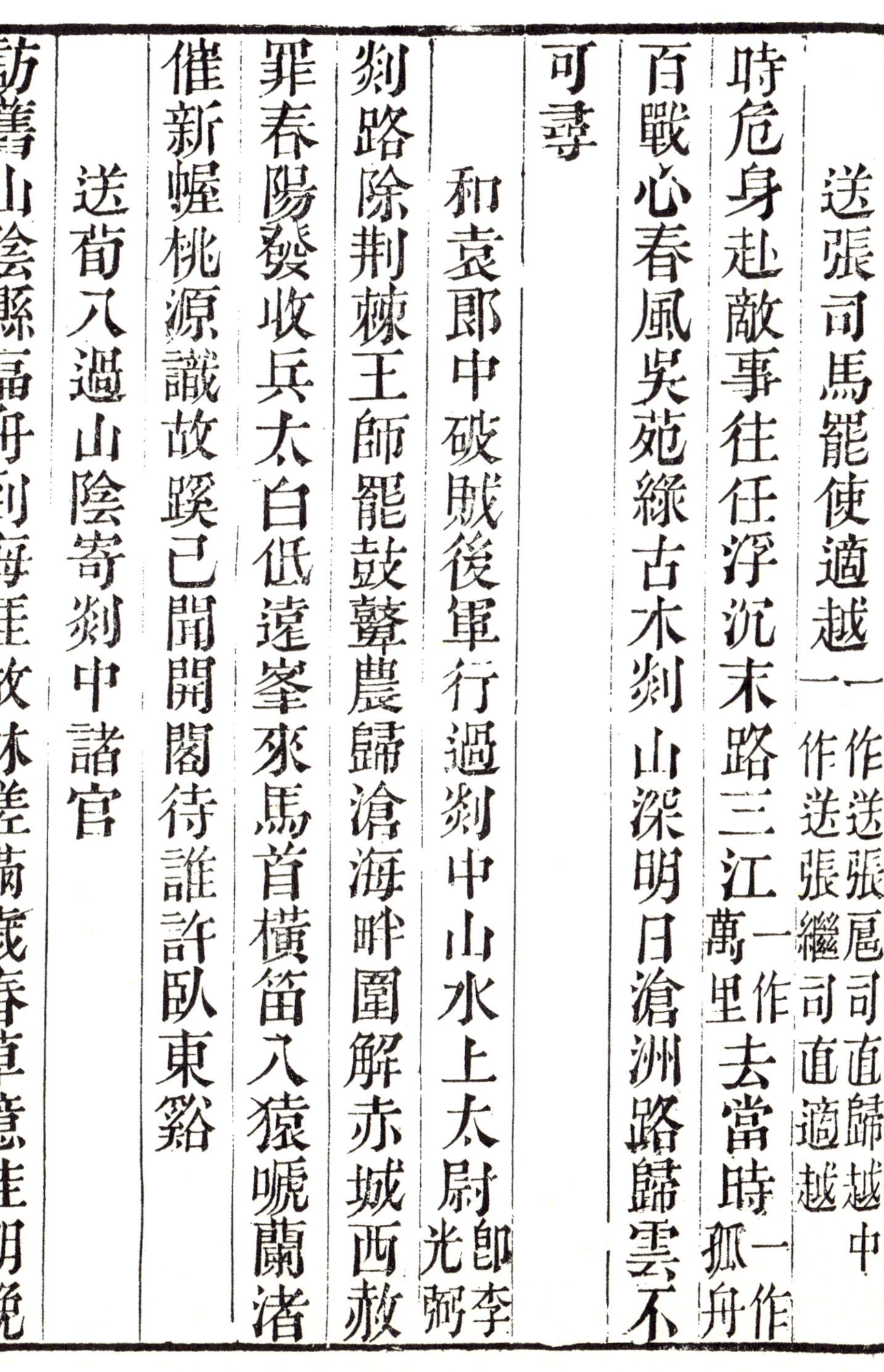

送張司馬罷使適越一作送張扈司直歸越中一作送張繼司直適越

時危身赴敵事往任浮沉末路三江一作萬里去當時一作孤舟百戰心春風吳苑綠古木剡山深明月滄洲路歸雲不可尋

和袁郎中破賊後軍行過剡中山水上太尉李光弼

剡路除荆棘王師罷鼓鼙農歸滄海畔圍解赤城西赦罪春陽發收兵太白低遠峯來馬首橫笛入猿啼蘭渚催新幄桃源識故蹊已聞開閣待誰許臥東谿

送荀八過山陰寄剡中諸官

訪舊山陰縣扁舟到海涯故林嗟滿歲春草憶佳期晚

景千峯亂晴江一鳥遲桂香留客處風暗泊舟時舊石
曹娥篆空山夏禹祠剡中多隱吏君去道相思

送王緒還剡中　皇甫冉

不見關山去何時到剡中已聞成竹木更道長兒童籬
落雲常聚郵墟水自通朝朝憶元度非是對清風

和袁郎中破賊後過剡中山水

武庫分帷幄儒衣事鼓鼙兵連越徼外寇盡海門西節
比全疏勒功當雪會稽旌旗迴剡嶺士馬躍耶溪受律
梅初發班師草未齊行看佩金印豈得訪丹梯

送王翁信還剡中舊居

海岸耕殘雪溪沙釣夕陽家中何所有春草漸看長

送孔徵君即孔湑之　皇甫曾

幽谷山多處君歸不可尋家貧青史在身老白雲深掃雪開松徑疏泉過竹林余身負耶壑相送亦何心

和袁郎中破賊後過剡中山水　李嘉祐

受律仙郎貴長驅下會稽鳴笳山月曉搖旆野雲低亂

寇人皆賀回車馬自嘶地閑春草綠城靜夜烏啼破竹清閩嶺看花入剡溪元戎催獻捷莫道事攀躋

送嚴維歸越州

艱難只用武歸向浙江東松雪千山暮林泉一水通鄉

心緣綠草野思看青楓春日偏相憶裁書寄剡中

送越州辛法曹之任

但能一官適莫羨五侯尊山色垂趨府潮聲自到門緣塘剡溪路映竹五湖郡王謝登臨處依依今尚存

寄嚴長史　章八元

昨辭夫子棹歸舟家在桐廬憶舊丘三徑暖時花競發兩溪分處水爭流近聞江老傳鄉語遥見家山減旅愁或在醉中逢夜雪懷賢應作剡川遊

送嚴十五之江東　戎昱

江都萬里外別後幾悽悽峽路花應發津亭柳正齊酒

傾遲日暮川闊遠天低心繫征帆上隨君到剡溪

送清徹遊太白山

卷經歸太白躡蘚到蘿龕若履浮雲上須看積翠南倚身松入漢明目月離潭此景堪長往塵中事可諳

雲陽館寄懷袁稠　　李端

花洞晚陰陰仙壇隔杏林漱泉春谷冷擣藥夜窗深石上開仙酌松間對玉琴戴家溪北住雪後去相尋

剡溪看花　　楊淩

花落千迴舞鶯聲百囀歌還同異方樂不奈客愁多

訪秦系　　韋應物

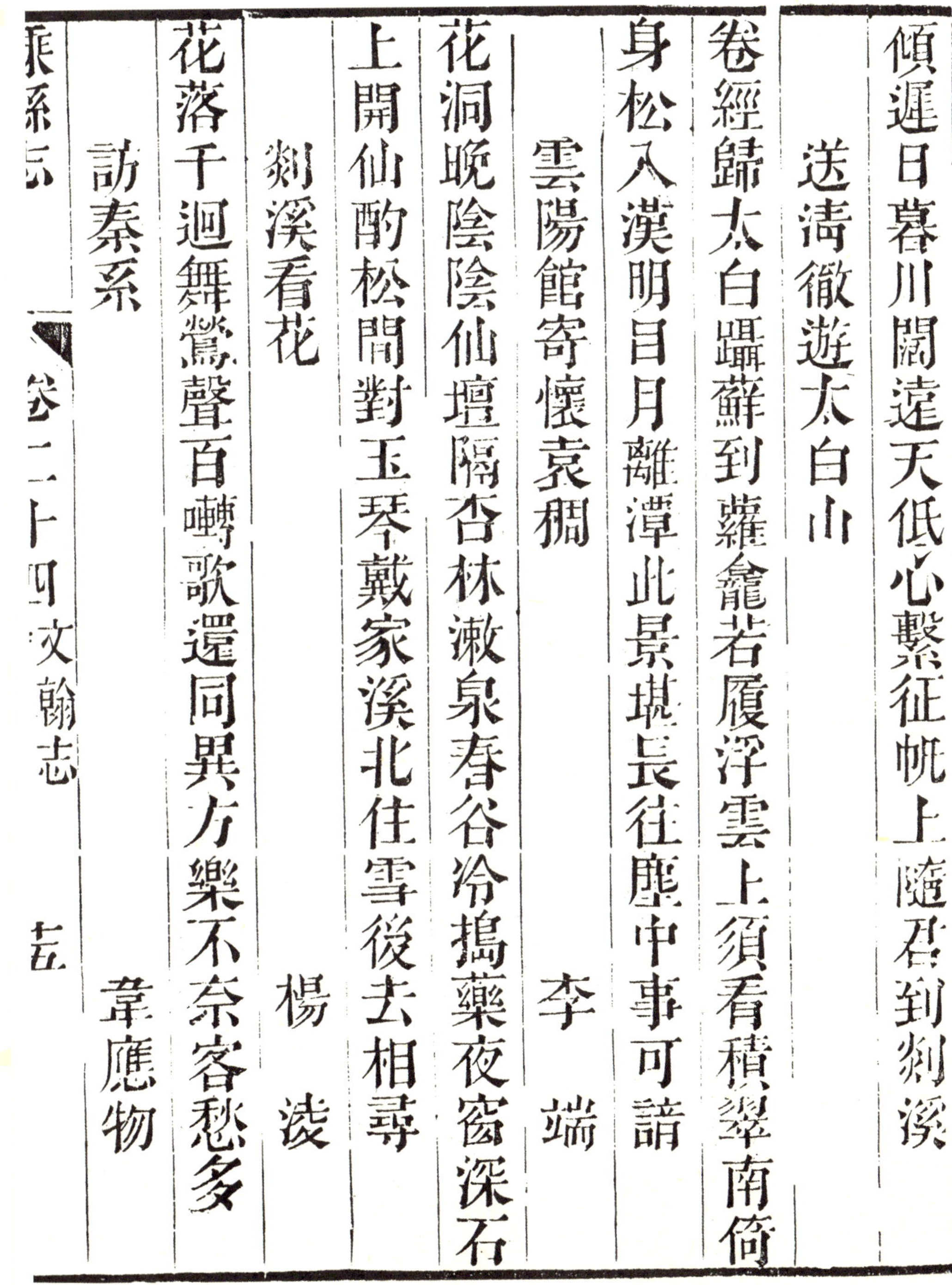

俗吏閒居少同人會面難偶隨香署客來訪竹林歡暮館花微落春城雨暫寒甕閒聊共酌莫使宦情闌

酬泰使君春日見集　戴叔倫

終日愧無政與君聊散襟城根山半腹亭影水中心朗詠竹窗靜野情花逕深郡能有餘興不作剡溪尋

早行寄朱放山人一作寄朱山人放

山曉旅人去天高秋氣悲明河天上沒芳草露中衰一作滋此別又千里一作萬里少年能幾時心知一作青冥剡溪路聊且寄前期

剡溪舟行

風軟扁舟穩行依綠水堤孤樽清露滴短棹曉烟迷夜
靜月初上江空天欲低飄飄信流去誤過子猷溪

王右軍宅　裴通

寂寂金庭洞清香發桂枝魚吞左慈釣鷺踏右軍池此
地常無事冲天自有期向來逢道士多欲駕文螭

西陵懷靈一上人兼寄朱放　武元衡

淮海風濤起江關憂思長同悲鵲繞樹獨坐雁隨陽山
晚雲藏雪汀寒月照霜由來濯纓處漁父愛滄浪

剡溪逢茅山道士　張籍

茅山近別剡溪逢玉節青旄十二重自說年年天上去

羅浮最近海邊峯

送越客

見說孤帆去東南到會稽春雲剡溪口殘月鏡湖西水
鶴沙邊立山鼯竹裏啼謝家曾住處煙洞入應迷

赴剡溪暮發曹江　　陸羽

月色寒潮入剡溪清猿叫斷綠林西昔人已逐東流去
空見年年江草齊

送蕭鍊師入四明　　孟郊

閑於獨鶴心大於青松年迴出萬物表高棲四明巔千
尋直裂峯百尺倒瀉泉絳雪爲我飯白雲爲我田靜言

不話俗靈蹤時步天

憶吳處士　　賈島

夜半長安雨燈前越客吟孤舟行一月萬水與千岑島嶼夏雲起汀洲芳草深何當折松葉拂石剡溪陰

送僧歸太白

堅冰連夏處太白接青天雲塞石房路峯明嶺外巔夜禪臨虎穴寒漱撇龍泉後會不期日相逢應信緣

晚春送王秀才遊剡　　施肩吾

越山花老剡藤新才子風光不厭春第一莫尋溪上路可憐仙女愛迷人

以剡牋贈陳待詔　　陳端

雲母光籠玉杵溫得來原自剡溪濆擣涵天姥岑頭雪
潤帶金庭谷口雲九萬未充王內史百番聊贈杜參軍
從知醉裏縱横墨不到羊欣白練裙

送王十一郎遊剡中　　元稹

越州都在淛河灣塵土消沉景象閑百里油盤鏡湖水
千峯鈿朵會稽山軍城樓閣隨高下禹廟烟霞自往還
想得王郎乘畫舸幾回明月墜雲間

題招隱寺　　張祜

千年戴顒宅佛廟此重修古寺人名在清泉鹿跡幽竹

光寒閉院山影夜藏樓未得高僧旨烟霞空暫遊

廣陵送剡縣薛明府赴任　　許渾

車馬楚城濠清歌送濁醪露花羞別淚煙草讓征袍鳥浴春塘暖猿吟暮嶺高尋仙在仙骨不用廢牛刀

贈太白山隱者　　項斯

高居在幽嶺人得見時稀寫籙扃虛白尋僧到翠微掃壇星下宿收藥雨中歸從服小還後自疑身解飛

寄剡中友

歇馬亭西酒一巵半年閒事亦堪悲船橫鏡水人眠後蓼暗松江雁下時山晚迴尋蕭寺宿雪寒誰與戴家期

夜來忽覺秋風急應有鱸魚觸釣絲

寄剡中友人　馬戴

故人今在剡秋草意如何嶺暮雲霞雜潮迴島嶼多沃洲僧幾度訪天姥客誰過歲晚偏相憶風生隔楚波

獨孤處士山居　薛逢

江上圍廬荊作扉男驅耕犢女鳴機林巒當戶蔦蘿晴桑柘繞門薑芋肥幾畝稻田還謂業兩間茅舍亦言歸何如一被風塵染到老云云相是非

送剡客　一作趙嘏

兩重江外片帆斜數里林塘繞一家門掩右軍餘水石

路橫諸謝舊烟霞，扁舟幾度逢溪雪。長笛何人怨柳花，若到天台洞陽觀，葛洪丹井在雲涯。

早發剡中法堂寺（當是法臺寺）　趙嘏

暫息勞生樹色間，平明塵事又相關。吟辭宿處烟霞古，心負秋來水石閑。竹戶半開鐘未絕，松枝靜霽鶴初還。明朝一倍堪惆悵，回首塵中見此山。

早發剡山（一作薛逢）

正懷何謝俯長流，更覽餘封識嵊州。樹色老依官舍晚，溪聲涼傍客衣秋。南巖氣爽橫郛郭，天姥雲晴拂寺（一作宇）樓。日暮不堪還上馬，蓼花風起路悠悠。

宿秦公緒山居　溫庭筠

幽居本集作衡巫路不同結室在東峯歲晚得支遁夜寒逢戴顒龕燈落葉寺山雪隔林鐘行李無由發曹溪欲施春

宿一公精舍

夜闌黃葉寺瓶錫兩俱能松下石橋路山中佛殿燈茶爐天姥客碁局剡溪僧還笑長門賦高秋卧茂陵

遊東峯宗密精廬

百尺青崖三尺墳微言已絕杳難聞戴公今日稱居士支遁他年識領軍暫對杉松如結社偶因麋鹿自成羣

故山弟子空回首蔥嶺還應見朱雲

省試方士進恆春草剡錄刪去中四句　梁鍠

東吳有靈草生彼剡溪旁既亂莓苔色仍連菡萏香擬之稱遠士持以奉明王北闕顏彌駐南山壽更長金膏徒騁妙石髓莫矜良倘使霑涓滴還遊不死方

寄剡縣主簿　羅隱

金庭養真地未篆會稽官境勝堪長往時危喜暫安洞連滄海闊山擁赤城寒他日拋塵土因君擬鍊丹

送裴饒歸會稽

金庭路指剡川隈珍重良朋自此來兩鬢不堪悲歲月

一區猶得話塵埃家通曩分心空在世逼巔流眼未開
笑殺山陰雪中棹等閒乘興又須空回一作
往年進士趙能卿嘗話金庭勝事
會稽詩客趙能卿往歲相逢話石城正恨故人無上壽
喜聞良宰有高情山朝絕巘層層聳水接飛流步步清
兩火一刀羅亂後會須乘興雪中行
擬劉阮入天台　曹唐
樹入天台石號新細雲和雨動無塵煙霞不省身前事
水木空疑夢後身往往雞鳴巖下月時時犬吠洞中春
不知此地歸何處須就桃源問主人

擬劉阮遇仙子

天和樹色靄蒼蒼霞重嵐深路渺茫雲竇滿山無鳥鵲水聲沿澗有笙簧碧紗洞裏乾坤別紅樹枝前日月長願得花間有人出不令仙犬吠劉郎

擬仙子送劉阮

殷勤相送出天台仙境那能卻再來雲路既歸須强飲玉書無事莫頻開花當洞口應常在水到人間定不回惆悵溪頭從此別碧山明月照蒼苔

擬仙子思劉阮

不將清瑟理霓裳塵夢那知鶴夢長洞裏有天春寂寂

人間無路月茫茫，玉沙瑤草連溪碧。流水桃花滿澗香，
曉露風燈零落盡。此生無處訪劉郎。

擬劉阮再到天台不見仙子

再到天台訪玉真，青苔白石已成塵。笙歌寂寞閒深洞，
雲鶴蕭條絕舊鄰。草樹總非前度色，烟霞不似昔年春。
桃花流水依然在，不見當時勸酒人。

小遊仙詩

玉皇賜妾紫衣裳，交向桃源嫁劉郎。爛煮瓊花勸君喫，
恐君毛鬢暗成蒼。

絳闕夫人下北方，細環清佩響丁當。攀花笑入春風裏，

偷折紅桃寄阮郎

剡溪雨霽　宋　錢昭度

剡溪風雨霽航葦重行行到處楊柳色幾家荷葉聲噪蟬金鼎沸游水玉壺清最喜漁梁畔歸帆的的輕

剡溪齊唐郎中所居　趙　湘

古柳垂溪水當門繫𦨕舟閒池延白鳥掃樹帶淸秋閣上看華頂窗中見沃洲尋常投刺少來即是詩流

晚泊嵊浦寄剡縣劉貺員外　潘　閬

曉泛剡溪水晚見剡溪山徘徊駐行棹待月思再還漁唱深潭上鳥棲高樹閒應當金石友念我無暫閒

戲答丁元珍　歐陽修

春風疑不到天涯二月山城未見花殘雪壓枝猶有橘
凍雷驚筍欲抽芽夜聞歸雁生鄉思病入新年感物華
曾是洛陽花下客野芳雖晚不須嗟

寄剡宰丁元珍

經年遷謫厭荆蠻惟有江山興未闌醉裏人歸青草渡
夢中船下武陵灘野花零落風前亂飛雨蕭條江上寒
荻筍鰣魚方有味恨無佳客共杯盤

題招隱寺　王琪

蒼崖何蟠回嘗爲隱君宅（戴仲若隱居此山）孰謂人琴亡松風

正蕭瑟花開雪英舞鹿去巖泉洌經聲草堂迴天香中夜發月落山氣深清猿嘯亦絶如何人外迹輕爲世網別

贈丁中允宰剡　　陸經

塵土宦曹幾處閑君今作邑好開顔落帆直上剡溪口入境先登天姥山魚鳥半和風俗處雲霞多雜簿書間雪晴須去尋安道莫作經宵與盡還

贈剡縣過秘丞　　陳襄

賢哉過縣尹德政是吾師萬事無鋒穎一心惟孝慈家貧因客冗髮白爲民飢誰刻商山石令人去後思

憶越　楊蟠

蓬萊閣面對青山地上遊人半是仙漁浦夕陽橫挂雨鑑湖春浪倒垂天高城尚鎖當時月故殿空留幾處煙長愛剡溪堪乘興雪中曾棹子猷船

寄丁元珍中允　王安石

人生九州間泛泛水中木漂浮隨風波邂逅得相觸始我與夫子得官同一州相逢皆偶然情義乃綢繆我於人事疏而子久矣修磨礱以成我德大不可酬乖離今六年念子未嘗休豈不道相逢但得須刻留欣喜不滿顔長年抱離憂古人有所思千里駕車牛如何咫尺間

而不與予遊顧惜五斗米無故自拘囚念彼磊落者心顏兩慚羞剡山碧蓁蓁剡水日夜流山行苦無屐水淺亦可舟使君子所善來檄自可求何時得復來待予南山頭

復至曹娥堰寄剡宰丁中允

溪水渾渾來自北千山抱水清相射山深水急無艇子欲從故人安可得故人昔日此水上樽酒扁舟慰行役津亭把酒坐一笑我喜滿懷君動色論詩講舊惜不足落日低徊已催客離心自醉不復飲秋果初寒室滿席今年卻坐相逢處惆悵難求別時迹可憐溪水自南流

安得溪船同消息

剡桂并序　程顥

李德裕嘗言洛龍門敬善寺有紅桂樹獨秀伊川嘗於江南諸山訪之莫致陳侍御知予所好因訪剡溪樵客偶得數株移植郊園衆芳色阻乃知敬善所有是蜀道茵草徒得其名因賦是詩兼贈陳侍御

吾聞紅桂枝獨秀龍門側越叟遺數株周人未嘗識平生愛桂樹攀玩無由得君子知我心因之爲羽翼豈煩佳客譽且就清陰息來自天姥岑長凝翠嵐色芬芳世

所絶偃蹇枝漸直瓊葉潤不雕珠英粲如織猶疑翡翠宿想待鵷鸞食甯止暫淹留終當更封殖

贈桃源觀王道士　沈遘

我昔剡溪遊道人一相遇重來十歲餘顔色宛如故顧我衰病早鬢毛已蒼然乃知世上榮曷若山中閒道人家東都問胡不歸北北方多風塵素衣化爲黑斯言吾所信吾志亦江湖瀟灑會稽守生平欣莫如君恩容苟安願奉三年計幸爾數到城閒談北方事

自諸暨抵剡　吳處厚

莫歎塵泥汩且圖山水遊幾峯天姥翠一舸剡溪秋不

見戴安道有懷王子猷西風無限意盡屬釣魚舟
夷猶雙槳去暮不辨東西夕照偏依樹秋光半落溪風
高一雁小雲薄四天低莽蕩孤帆卸水村楊柳堤
秋渚涵空碧秋山刷眼青排頭烟樹老撲面水風腥上
瀨復下瀨長亭仍短亭花船明月好客夢滿流螢
出得雲門路風淒日夕曛船撐鏡湖月路指沃洲雲山
色周遭見溪流屈曲分一觴還一詠誰似右將軍

寄剡溪主簿臧子文　梅堯臣

剡溪無淺深歷歷能見底潛鱗莫若窺塵紱聊堪洗古
木潭上陰遺祠巖下啟應識道旁碑因風奠醪醴

題王晉卿雪溪乘興圖　蘇軾

溪山風月兩佳哉賓主談鋒夜轉雷猶言不見戴安道爲問適從何處來

次訪戴圖韻　蘇轍

急往遄歸眞瞶瞶聾人不識有驚雷雖云不必見安道已誤扁舟犯雪來

題剡溪訪戴圖　李彭

閒庭秋草積滿砌蒼苔深忽向冰紈上聊窺訪戴心雪月俱皎皎風林互森森縱觀停艫處猶聞擊汰音終年剡溪曲何嘗返山陰徒言興已盡眞妄誰能尋浮生圖

畫耳慷慨爲長吟

送聶剡縣兼呈沈越州　　王安國

剡溪清瀉映檀欒，天姥花飛載酒船。憶我少年來蠟屐，羨君今日去鳴弦。從容人樂漁樵外，蕭灑詩隨薄領邊。太守相逢應見問，爲言多病隱林泉。

葛仙峯　　呂南公

南峯枕崇坂，徑路荆榛稠。遺壇在其巔，名爲仙翁留。石角已剝泐，林芳自春秋。誰云塵土姿，來繼丹霄遊。

題太白峯　　舒亶

千峯下視盡兒孫，仙事寥寥不可聞。長作人間三月雨

請看膚寸嶺頭雲

瀑布嶺　　　華鎮

春日雲崖晴杳杳東風山澗曉泠泠煙霞密邇神仙府
草木微滋亦有靈

戴溪

月華雪彩照前川一葉扁舟破紫煙十二瑤臺登賞夜
清光常是昔時天

桃源

嘉樹風生玉宇香鶯飛燕舞弄春陽歸來井邑皆如舊
始覺仙家日月長

龍藏寺碑

鹽梅器業尚風塵，書劒曾遊寂寞濱。秀句玲瓏滿天下，應搜佳麗入機神。

燕竹

竹箭黃芽欲老時，杏粱日煖燕初歸。他林未聳千竿翠，此地先抽一握肥。

金庭洞天

嵩高秀入洛川清，鶴去雲歸冷玉笙。霜白金庭今夜月，風流依約有遺聲。

遊定林寺　賀鑄

破冰泉脈漱籬根壞衲遥疑挂樹猨蠟屐杖痕尋不見東風先爲我開門

艇湖山一作題訪戴圖　　　　曾　幾

小艇相從本不期剡中雪月待明時不因興盡回船去那得山陰一段奇

過剡溪　　　　王庭珪

青山疊疊水潺潺路轉峯迴更一灣想見雪天無限好不妨獨掉酒船還

持憲節登戴溪亭更名興盡并作　　　　芮　輝

溪山之盡無時盡興盡名亭意可知出岫孤雲含細雨

投林宿鳥愛深枝風流已是千年事公案今成七字詩
短棹悠然隨所適人生出處要如斯

戴溪亭　林東

溪亭故事幾年華來值秋林晚眺賒雲障山巒多少處
雨埋烟火兩三家水肥去馬行高坂汀沒浮鷗上淺沙
誰是子猷誰是戴小船杯盡興無涯

自四明遺二子　樓鑰

我老不復仕行將挂衣冠二子俱貳令官職恰一般剡
川且書考上虞亦之官人言易捧檄歸奉重親懽我意
正不爾期汝政可觀食焉怠其事古訓戒諸鏝汝職太

民親籍書尙細看一邑無不問政爾良獨難平時固知汝廉謹無欺謾涉世終未深送汝能忘言故鄉去帝鄉舟馭多往還失己固不可待人亦多端罔求違道譽善遣非意干窮達固有時此理眞如丹聚散不足較豈得常團圞閒靜我所便汝其自加餐有時或乘興往來一子間蹈雨送汝行浮家當游盤走筆如家書誰能苦雕劖

寄越上高疎寮　吳仲孚

便教煙雨畫成圖爭似歸來有賀湖鏡裏精神西晉有詩家標準晚唐無惜花春盡鶯吟苦敲竹風淸鶴夢孤

世事正多心早懶著書贏得靜工夫

過剡溪　劉宰

青山疊疊水潺潺路轉峯迴又一灣想見雪天無限好
不妨獨棹酒船還

金庭山　馬幷

右軍學業隱林邱世隔年遥景尚畱苔鎖一泓殘墨沼
雲遮三級讀書樓鸞歎逢羽客開金闕儼覩仙童侍玉旒
自怪今朝脫凡骨飛身得到洞天游

遊金庭觀　李淸叟

山屬蓬萊第幾重奇峯翠岫繞靈宫雲藏毛竹深深洞

煙起香爐裊裊風放鶴已歸天漢上養鷲無復小池中
羽人盡得飛章法神與寥陽路暗通

高山堂　　梁佐

危巔層閣倚雲平一凭欄干醉魄醒霽雨亂山生淡碧
帶風寒竹有餘清孤猿傍石來深澗幽鳥銜煙入畫屏
卻讓高僧占仙景蓬萊不獨在滄溟

懷姚雪蓬希聖使君　　戴復古

寒入疎蓬夜雪深是非難辨口如瘖一官不幸有奇禍
萬事但求無愧心想像騎牛開畫卷丁甯回雁寄來音
傳家一首冰壺賦未信橫舟竟陸沉唐姚梁公作冰壺賦

贛州上清道院呈姚雪蓬

短牆不礙遠山青無事燒香讀道經時把一杯非好飲
客懷宜醉不宜醒

題姚雪蓬騎牛像　趙東野

騎牛無笠又無蓑斷隴橫岡到處過煖日薰風不常有
前邨雨暗卻如何

遊鹿苑寺　王大受

鷲峯遊屐少我獨坐多時僧護繙經石猿攀凝月枝地
寒春到晚山遠夢歸遲尚被浮名誤吾心信自疑

寄雪蓬姚使君　樂雷發

贈君昆吾湛露之寶劍青雀黃龍之巨航懸藜垂棘之美玉都梁薦褥之名香佳人佳人在何處濯足洞庭望八荒揭車馡馡薜芷綠欲往從之道阻長倚寶劍兮翼軫膠巨航兮沅湘玉以彰君子潔身之德香以表騷人流世之芳我所思兮隔秋水天吳翕起蛟螭翔佳人佳人蹇誰與愛而不見心盡傷

又寄

湘鱗六六寄相思疎柳新蟬想別時今夜各聽三楚雁秋風又老一年詩梅花且補離騷意薏苡應爲史筆知翦竹疑峯新製笛待衡霜月訪桓伊

送姚希聲令弟歸剡中　周弼

客程何太急歲月半中分想暫歸天姥還來伴使君曉
吟千嶂雪春思一江雲若再經過此囊詩可得聞

自武林還家由剡中　戴昺

一笻雙不借役役又東還野渡淺深水夕陽高下山光
陰虛我老造物靳人閒高躅思吾祖鳴琴獨閉關

泛剡溪　許棐

水闊無風似有風蘆花搖落櫓聲中鷗無一點驚猜意
認作當時載雪翁

宣妙寺　方鴻飛

雲觀煙樓是梵家竹圍如洗逼寒沙因風綠浪搖晴麥
遇雨紅香落澗花人鎖畫房聽鳥語僧歸晚塢放蜂衙
不須老遠來沽酒只覓天酥爲點茶

剡溪　倪光蘭一作光簡

東山山下海潮通一片江流出鏡中度嶺抬薪歌稚子
和煙牧犢走邨翁千年橋鎖高人跡百尺巖垂烈女風
此去天台知幾許桃花深處失西東

題宗鏡上人歸剡因寄聲高九萬孫季蕃

林表民

送師歸隱鏡中山萬壑千巖指顧間蒻磵花翁如見問

爲言憔悴老禪關

神剜天畫成巖洞橫亘危梁接應眞垂下玉虹三百尺
雪飛花濺一山春

一僧禮拜能行過下面人看膽亦寒月出幻成銀色界
始知方廣在林端

隨處禪房有水聲我來石上坐忘形臨行更酌潭中淥
要洗多生業障清

舟次嵊浦廟　黃庚

短棹衝寒過浦東扁舟一葉載詩翁斷煙流水殘鴉外
古木荒祠夕照中吟罷小樓何處笛酒醒孤枕半江風

潮生潮落朝還暮，堪嘆浮生似轉蓬。

張愉處士藏書樓　元　黄縉

木杪出飛樓，仙山在上頭。可能無客至，少爲借書留。芸草春仍在，虹光夜不收。如何試乘興，一棹剡溪舟。

和嵊縣梁公輔夏夜泛東湖　袁士元

短棹乘風湖上游，湖光一鑑湛於秋。小橋夜静人横笛，古渡月明僧唤舟。鷺浦藕花初過雨，漁家燈影半臨流。酒闌興盡歸來後，依舊青山繞客愁。

張處士藏書樓　楊維禎

戴顒溪上藏吾舟，三十六曲鏘鳴球。濯足太白雙龍湫，名山更須瞻沃洲沃洲之陽溪上浮著此一所張家樓捲簾爽氣天姥曉倚閣秀色蓮花秋張家之樓無百尺夜夜虹光射東壁中藏異書三十乘太史東來殊未識城中瓊樓高五城吳歈楚舞塡崚嶒一錢不直兎園册一丁不識黃金籯樓中主人計誠左遺安遺危各在我韋門奕葉有光輝郿塢何人徒買禍樓頭校書腹便便眼中松楸手遺編前年燎黃光九原書中始識兒孫賢郤問瓊樓金玉貯還有美人化黃土君不見魏家高樓何足數誰復西陵護歌舞

王烈婦祠

天荒地老妾隨兵天地無情妾有情痛血嚼開霞嶠赤嗁痕化作雪江清能從湘瑟聲中死全勝胡笳拍裏生三月子規嗁盡血春風無淚寫哀銘

淸風嶺　李孝光

山下江流本自淸山頭明月已無情此心若愧王貞婦莫向淸風嶺上行

白峯嶺　余闕

一過東峯路幽懷不可言山如倒盤谷水似入華源時有飄香度多聞囀鳥喧何人此中住謂是辟疆園

王烈婦祠　張翥

清風嶺頭石色赤嶺下嵊江千丈黑數行血字尚斕斑雨蕩霜磨消不得當時一死眞勇烈身入波濤魂入石至今苔蘚不敢生上與日月爭光明千秋萬古化爲碧海風吹斷山雲腥可憐薄命良家子千金之軀棄如土奸臣誤國合萬死天獨胡爲妾遭虜古來喪亂何處無誰能將身事他主兵塵澒洞迷天台骨月散盡隨飛埃楓林影黑寒燐墮精靈日暮空歸來堂堂大節有如此正當廟食標崔嵬君看嵊江之畔石上血直與湘江竹上淚痕俱不滅

發嵊縣　陳高

行役苦晝熱戒程當夜闌睡覺呼僕夫出門終漫漫明月照人影踈星挂樹間流螢點衣袂零露濕巾冠朝違剡溪水俄入新昌山厲玆干戈際愈覺行路難愧無經世資何以濟險艱悒悒抱遠思綿綿起憂端東方忽已白林鳥嘑閒關前瞻石嶺峻喟然起長歎

送許時用歸越　明　宋濂

尊酒都門外扁舟水驛飛青雲諸老盡白髮故人稀風雨魚羹飯煙霞鶴氅衣因君動高興我亦夢柴扉

送許時用歸越　汪廣洋

舊擢庚寅第新題甲子篇老來諸事廢歸去此身全煙

樹藏溪館霜禾被石田鑑湖求一曲吾計尚茫然

送許時用歸越　高啟

天子下詔徵賢良多士競逐風雲翔先生亦隨使者起
闕下再拜陳封章自稱前朝老進士白髮已短材非長
羣龍在廷翊昌運疲蹇豈足追騰驤乞還山林養餘齒
歌頌聖德傳無疆近臣上殿爲陳請天語特許歸其鄉
是時海國風雨涼道士莊下初栽秧故山農事不可緩
歸與倏與高帆揚從容進退遂所願帝恩甚大誰能量
嗟予相逢恨苦晚忽去未免私心傷明朝相憶望於越
江水東流何洋洋

王烈婦祠　張羽

赤城曉擁青絲騎玉鏡愁鸞落紅淚冰魂偷逐水仙歸綺樓一夜靈扉碎六曲闌干不礙春羅帶盤風輕颺塵越波不動越山碧青天影落桃花雲相思月照祠前水離離芳樹流紅子無情桃李亂中開只有芙蓉抱霜死

張門雙節詩　許泰

東房曉日繅新絲西房夜雨鳴寒機一門妯娌保貞節百年辛苦相扶持錢也願不愧夫子范也誓天甘守死和睦同居有始終長育諸孤無彼此諸孤既長知讀書北堂奉養何親疎白髮千金有時改丹心一片鐵不如

皇天從來報有德聖代於今表其宅有筆如椽太史公五色文章勒金石

和錢脩齋釣臺花嶼之什　舒　奎

稚川仙去不可見此地猶存石繅車苔蘚至今生不得釣磯存者自開花

又和郵市曉鐘之什

鐘聲到枕曙光遲遲疾交撞總覺宜一百八聲郵市聽廣陵無夢已多時

呈古剡竺山人師性　呂　升

春雨溪頭洗瘴氣溪邊深隱竺徵君洞門遠接梅花塢

石澑斜飛澗道雲獨客寒溫知歲久諸生問難坐宵分東風不省幽蘭怨解續離騷弔楚魂

南山小隱爲剡黃性能賦

見說南溪小洞天隱居標格似神仙壺中日月不知老谷口田園樂有年鶴夢松間和月墮猿聲枕上隔雲傳我今欲謝世間事未卜東鄰屋數椽

入剡　呂不用

古壘何年戍淒涼弔劫灰桑榆民氣樂松竹縣門開山市溪雲入野航江雪來戴公墳尚在零落向崔嵬

嵊江夜泊

清風嶺上行人絶嶺下嵊江征棹歇老篙眼前有清輿
汲水船頭煮明月天公生我命本薄年事難逢赤壁樂
愁魂莫問東來鶴舟前鳧鷺同夜泊

游惠安寺　朱純

老至喜談空乘閑入梵宫樹昏嵐作雨崖迴瀑垂虹猿
嘯千峯月僧歸一錫風清吟同惠遠思繞白蓮叢

題錢丈子道先生耕讀軒　金摯剛

罨畫溪山耕讀處幽軒遯事午晴初日高桐閣過黄犢
風煖芸窗落蠹魚老大擬從盤谷隱兒孫眞學帶經鋤
客來洗耳松濤外一曲高歌戛酒壺

過王右軍墓越㖂注在嵊之華堂　　蕭　昱

內史風流晉永和空山遺墓我重過傷心莫問蘭亭事斜日風寒滿薜蘿

墨池

鳳翥龍蟠萬紙奇墨花堆積幾臨池只今雲影徘徊處猶見當年洗硯時

王貞婦　　王　華

北狩官軍盡瓦全獨憐璧碎向江邊晴江流恨終成海白石凝丹可補天異國嘑鵑愁夜夜故鄉芳草怨年年香燈從此無今古祠下春耕有祭田

清風嶺弔王貞婦　　左　贊

停驂清風嶺展敬清風祠清風颯然至細讀清風碑慨昔宋末年戎馬紛四馳弱質陷俘虜不受胡塵淄間關陟烏道下瞰清漣漪捐軀落千仞覩死甘如飴齧指留題處元氣相淋漓歲久化爲石山靈恒護持明時嚴祠典廟食嶀浦湄有生必有死百歲能幾時爲人不名節何以稱三儀偉哉烈婦事一死張四維允蹈王蠋言不愧柏舟詩陵谷有變遷清風無盡時

送錢畏齋還剡　　沈　鎮

畏齋先生好才華挺出剡東名臣家胸中機杼奪神巧

碎織萬點秋天霞官家五斗無心戀輒向茅茨覩筆硯
詩情畫意妙入神幻化江山春一片攜琴遠向五雲遊
數月不下東湖樓鄭君酒甕大如海信手賭過三千籌
嗟予生晚見不早無由縮地傾懷抱今朝一棹兩西東
回首天涯怨芳草

鹿苑山　黃璧

數載期來鹿苑遊夙心今日喜初酬茯苓都向松根結
瀑布還通石縫流日上三竿纔覺曉風生六月已知秋
山僧獨擅閒中趣何事年來亦白頭

泛剡溪　趙寬

行役曾何補江山似有緣雨餘天姥屐月下剡溪船游興塵勞外歸期日至前乘流風更便飛鳥欲爭先

剡溪歌　何景明

剡之水兮幽幽誰與子兮同舟舟行暮入山陰道月濛濛兮雪皜皜千載重尋戴逵宅溪堂無人夜歸早乘興而來興盡休君不見王子猷

剡溪　鄭善夫

曹娥江接剡溪流亂石幽花只漫愁剡曲尚疑安道宅山陰誰上子猷舟

題訪戴圖　王世貞

晉有王子猷風流掩前輩高展郄公門拄笏馬曹歲歸來百事稀種竹凡幾圍貪看鏡湖白坐失青山暉風吹太空雪片片鏡中飛千巖鳥雀凍不喧田父墐戶爐頭眠孤棹衝煙放歌出故人應在剡溪邊人間戴生豈易得其若歸心浩然發空林無枝玉凌亂獨破寒流載明月相逢稚子候柴扉東方漸高跡已微偶然適意差足快千載何人勞是非誰爲强被丹青色令予欲訪山公宅荻花茫茫不知路中夜披圖興蕭瑟

剡溪　王穉登

剡溪新水綠漫漫魯酒銀罌送曉寒白日無多容易落

青山一半不曾看千年自欲同徐穉五月非關訪戴安
不是風流堪應接舟中那得客愁寬

贈王鷺亭　　徐渭

本朝花鳥誰高格林艮者仲呂紀伯矮人信耳輒覼場
只曉徐熙與崔白崔徐一紙價百金風韻稍讓呂與林
郎如此圖王鷺亭云是剡溪雪夜人雁兒一掃足百隻
何隻不落青天雲沙黃蘆白喜相逐逸者飛鳴勞者宿
不須彭蠡泛扁舟彭蠡湖今在吾目

來青亭

畫棟將雲繞脩櫓傍漢開亭非邀翠入山自送青來遠

色虛難寫遐觀縱未回共言春景麗不見使人猜

王烈婦詩

赤霞城畔女郎身曾將羅袖障胡塵半巖竹淚猶啼月
一水菱花解照人但取藁砧還破鏡祇持完璧碎强秦
江天風雨來何急似覺詩成泣鬼神

四明山長句　沈明臣

李白夢天姥烟濤茫茫走東魯隨風吹墮禹穴來萬里
心魂挂瑤圃與公賦天台赤城霞起標蓬萊五采肝腸
濯翠海九天日月披銀臺四明之山誰所鑿天公爲我
開樓閣雙牖高着烏兔飛四圍平見星辰落青雲冥冥

豁洞天使我坐閬心茫然手捫白虹不到地眼睹絲雪
吹春煙九州點破黑子大滄海東窺一衣帶天上銀河
貼面流神遊八極吾將奈千秋闊蹟人莫尋萬古靈蹤
此眞快二百八十峯天簇青芙蓉丹山穴紫鳳赤水蟠
黃龍氣雄五嶽掩天柱勢奪十洲凌閬風不周山崩誰
所觸祖龍沙邱不敢哭騎龍跨鳳訪仙曹朝向崑崙暮
王屋願呼樊夫人爲我歌且舞手拍洪厓肩醉枕赤松
股璇房瓊室七十二恐是蓬壺世難覩雙雙帝子怨蒼
梧穆王馬蹏知有無金書玉簡秘不得越水至今流禹
都

印月寺　胡濬

沙頭精舍好暫借息塵喧萬籟空中絕三生夢裏論水雲蒸紙帳山月浸松門靜極令人愛無門脫業根

王烈婦祠　陳汝璧

剡蓋有王烈婦祠矣宋德祐二年元兵南下烈婦死之余過剡父老爲余談烈婦投水事爲愴然低徊者久之覩其額曰元貞婦夫烈婦而臣元也彼何死哉善乎王元美之言曰二君而人者行禽也乃烈婦卽偉丈夫何加焉余改題宋烈婦而係以詩

道旁遺碣自嵬然灑血千秋尚可憐嶺上清風垂異代溪流嗚咽似當年一詩色借蒼苔潤九死心同白日懸知汝英魂原不散額題吾爲洗腥羶

龍眠石　葛曉

萬仞未易梯綿蜒亘雙邑草木不敢生中有仙人室登臨俯層空羣峯亂崒嵂勺水蛟龍蟠今古不枯溢農人向予言歲歲沛膏澤

雨阻仙巖詰朝至新昌　湯顯祖

江寒風雨飛仙巖氣噓碧崩雲沈戸牖銜飈蕩櫩隙孤亭下車馬溼裝閑委積熅衣甯及晨蓐食且茲夕安知

氣湫滴滅燭移枕席恐爲奔湍阻侵宵驚前策抵嵊日逾午剡棹興非昔黽勉向津衢新昌酉暮客信宿何足難去住亦取適欣言領幽意南巖候輝魄極目梅梁滑路迴桑州驛署約風雲掀始覺霞標赤軒署復開敞消散流寓迹豈免廚傳費用慰山水役佳期良在茲秋光灑蘿薜

四明山歌　沈一貫

我昔長歌天姥吟今來飛越江之深烟波浩蕩都在眼蒼厓白鹿紛可尋游足未開意已窘片雲隱約前郁盡適來縱入丹山赤水之洞天果爾三百八十芙蓉之峯

相鈎連沸如巨浪排九淵渴虬饑鱷崩奔前驚魂褫魄
悸不定乃知世間安得無神仙際天但有淺黛色到頂
猶窮羽人翼謝公萬夫鑿不得支遁欲度空歎息黄熊
近人白虎怒杜鵑半染松花碧青蘿屢穿幾悔來眼前
可即仍徘徊俄聞竹間響茶臼寺門正對雙峭開草根
敲冰持滌釜纖纖徐送霏微雨劉綱臺榭收紫綃王交
瀑布懸青組二韭三菁宛可拾東烏西兎紛來舞篆烟
雕霧無時休一雙白鶴飛何苦吁嗟乎劉郎誤入青山
圍不是忘歸不得歸薜荔滿牆皆可衣胡麻滿谷何愁
饑赤雲層層團白日任他渡口桃花飛百年三萬六千

日古今聖賢皆承畢何爲容易別青山空教青山笑不還誅茆結屋弄流水溪雲與我長潺湲

感別半野堂　程嘉燧

何處珠簾擁莫愁笛牀歌席近書樓金爐銀燭平原酒遠浦寒星剡曲舟望裏青山仍北郭行時潮水向東頭老懷不爲生離苦雙淚無端只自流

剡中　許如蘭

從來名勝地況復是清秋境僻墟煙少天晶日色浮樹光連野合溪響傍山幽黃葉飛何急霜輕淡欲流

初入剡中　陳子龍

夙昔耽奇異久負名山期詎意肅於役心賞獲在茲高峯疊遙巘曲逕沿回溪沈沈迷積翠藹藹含朝暉洩雲岫時沒急雨瀨屢移青蘿被修坂絳樹灼陰崖回互見別趣登臨各異姿傾人昔考卜荒塗恒若斯心迹既杳冥衡宇亦參差抗懷感人代尚志徵前規終焉協要妙遲暮良可悲

過剡　王思任

千山夾束盡此地一回寬古縣仙常到名溪雪不乾晚魚呼市酒野鶴下舟灘月色時來鬧挑眠夢未安

送王子禹佐　王象春

郭外溪邊一樹年來雨送行攀條猶在眼落葉已無聲憶昔春山色能輕故國情好將詩酒約歸問魯諸生

剡溪道中

國朝　宋　琬

昔人乘雪往而我溯風行萬壑穿雲轉孤舟與石爭魚游寒水見鷗立夕陽明安道留遺宅寥寥千載名

星峯亭

施閏章

觸雨淩山椒跻巘展朝霽危亭冒崛嶔漲水明虹蜺左曳羲和車右把天姥袂白雲何連蜷彷彿有根蔕秋草燦春華山鬼善凝睇坑勞泰帝鑿嶺想謝公憩豁達萬古情流覽四山際

白雲院　　　　　　　　　　史大成

如畫青山鎖紫霞林間飛瀑湧銀沙一龕初闢空王座半嶺時飄異域花彼自有燈傳七祖不知何佛演三車從來津路如明鏡丹室黃冠豈足誇

葛洪丹井西尋唐顧逋翁讀書臺舊址

朱爾邁

陰陰澗底花落落嶺頭柏蒼蒼雲霧重渺渺人家隔相傳葛稚川燒丹此中宅至今丹井間紅泉漱白石石上臺何高栖遲合騷客新藻灑芙蓉英辭動金碧千載人讀書余也忝後席學仙仙未成知音懷夙昔獨自抱琴

來慨焉終日夕

白雲院　陳紫芝

嵯峩盡處展平沙茆屋三間選勝賒乞火無隣爐自活
辟寒當夏衲交加遙連鷲嶺追仙藥近借龍湫散雨花
慚愧支公尋未得白雲菴路白雲遮

送通門和尚住持太白山　朱彝尊

越山東望路迢迢㶁口寒藤度石橋惆悵空林飛錫遠
海門秋雨浙江潮

清風嶺弔王貞婦　孫琮

嘗讀南渡史扼腕祥興末帝舶去厓山浙閩俱覆沒元

兵入台州沿途肆殺奪金帛無留遺子女咸搜括傷哉王貞婦隨衆不能脫搶地呼蒼天夫死妾敢活主將艷色姝防守嚴邏卒遠攜來嵊縣青楓嶺道歇視者意少弛潛步出林麓四顧盡高山旁有壁如礪撫壁一長號玉指口忽齧以指代寸管淋漓血不竭先書己姓名次書死月日書畢即投崖身碎魂怡悅至今陰雨天字蹟猶突兀我懷文文山斯時亦被執九死心靡它凜然同一轍千秋柴市歌萬世楓嶺血

將至天台夜宿剡溪作　許尚質

躭幽躡雙屐擊櫂沿溪流山懸崿湧月樹暗楓林秋微

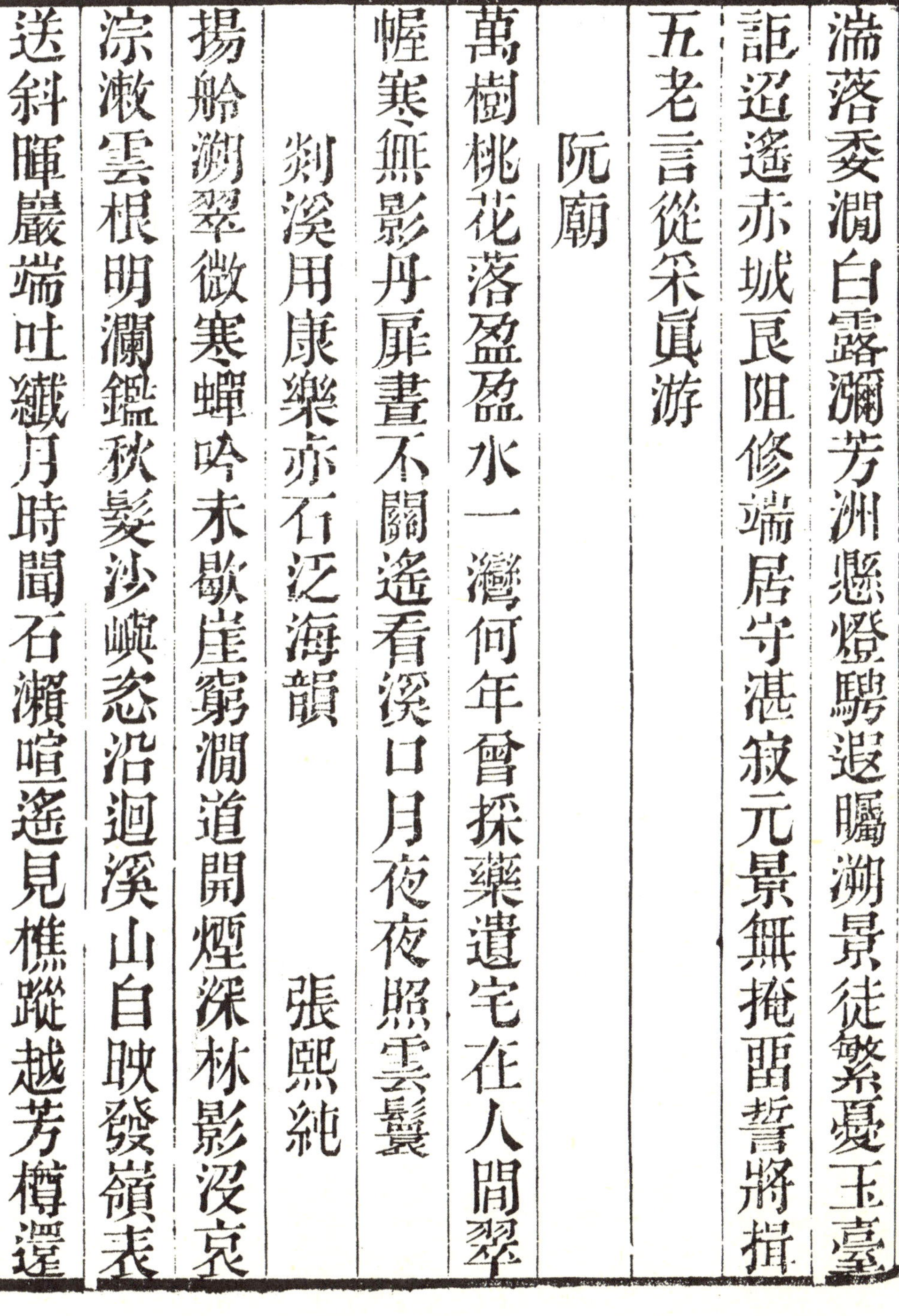

湍落委澗白露瀰芳洲懸燈騁遐矚遡景徒繁憂玉臺詎迢遥赤城艮阻修端居守湛寂元景無掩晤誓將揖五老言從采眞游

阮廟

萬樹桃花落盈盈水一灣何年曾採藥遺宅在人間翠幄寒無影丹扉晝不關遥看溪口月夜夜照雲鬟

剡溪用康樂赤石泛海韻　張熙純

揚舲溯翠微寒蟬吟未歇崖窮澗道開煙深林影沒哀淙漱雲根明瀾鑑秋髮沙嶼忽沿迴溪山自映發嶺表送斜暉巖端吐纖月時聞石瀨喧遥見樵蹤越芳樽還

共持高詠詎能闕遠情寄空濛乘運任淹忽眷茲曠世
樽雲蹤繼前伐

嵊浦夜泊　張羲年

秋樹棲鴉葉未凋輕帆面面轉巖椒漁舟挂網無魚賣
野店懸燈為客招夜靜星河連水闊風生兕虎出山驕
遊仙直上瓊臺路一枕煙霞夢未遙

湖上寄令素　王霖

佳期不再得朱顏難再酡艷冶忽凋謝感此秋池荷乘
興理桂檝纖手弄素波伊人水一方從之道路多念我
同袍友鄉園抱沉痾荊棘久不翦遑復知其他堂下撤

絲竹堂上空綺羅帷餘懷人癖望月嗟蹉跎粱月有時
圓蹉跎當奈何持此遺故人一讀笑齒瑳

題今素剡藤詩草

白日一何速秋風又變衰故人先下世後死恐無時才
大甯論命官貧不救飢剡藤眞可弔忍泪讀殘詩

送漢可之剡

何處逢春不可憐兼之愁別小燈前一尊禹廟初酣酒
雙槳娥江又放船驛路殘梅數點雨渡頭斜柳幾絲煙
自今無復添離恨夜夜魂來剡水邊

鄭孝子殺虎歌 有序　　金昌世

孝子名凝仁嵊縣人　國初嵊縣有虎患凝仁父傷於虎與弟製檻甃二虎祭父墓嗣又獲虎三鄉人請授其法獲虎二十餘患遂息邑人蔡涵立傳詳其事

阿耶讀書在竹林中虎來咥人乃見凶兒死亦可替兒肥耶瘦虎不從嗟哉阿耶一命終爪爲劍牙齒爲磨鑢阿耶何辜一命終徒手難爲搏强弩難爲攻涇涇涕交胸長跽告蒼穹廣求善術殺腥風狀聞太守太守見憐謂兒樸忠兒善行之兒先淬其鋒西山購木石東山集良工南山安檻械北山謹牢籠一朝虎授首闖左殪雙

雄瀝血墓門前哀哀兒告翁是日雷電作爗然天心通
此後穽檻無虛設有似壹發兼五豵縣官來督捕效力
徧鄉農於蒐達匿跡林莽無伏戎婦子樂安枕樵牧穩
行蹤至今遠近德孝子不知孝子抱恨無時窮春郊草
離離春嶺樹重重魂兮歸來竹林中

金庭觀懷王右軍　　丁鶴

蘭亭佳客舊紛紛內史胸襟果絕羣塵外自諳家國事
懷中不蓄老莊文溪山有語皆名世王謝無人可似君
東土風流應未墜玉泉瑤草蔭仙雲

招隱寺　　葛其英

禪關深鎖翠千重今古誰來叩梵蹤月照夜泉珠有淚風搖春蕊玉無容亭中白日傳蕭統樹底黃鸝引戴顒寂寞當年招隱地殘僧空打飯前鐘

剡山訪戴安道故里　黃孫燦

晚風吹野步流水聽潺潺沙鷺一何適我心相與閒澹烟迷隔浦新月挂前山不見徵君宅踏歌空自還

清風嶺烈婦祠

黃塵漠漠隘南天巾幗能持大義全不計死生離虎豹長留風雨泣山川冰魂海上悲精衛碧血崖前灑杜鵑翁媼猶然傳伏臘楮錢清酒弔荒煙

登石屋　王元珏

野飯梅花郡，徐入青松路。鳥道何鬱盤，身與溪雲度。幽篁不見天，碧色莽回互。忽聞山鳥呼，一一入深樹。逸興雖飛揚，心神轉恐怖。闃然巖谷間，微茫辨黝堊。豁達蹊平岡，頓愜登臨趣。歷歷羣山羅，駣突如奔赴。城郭俯人家，模糊不知數。老僧自在閒，愛此長年住。杳杳鶴飛歸，干郡靄然暮。

題商紫芝剡溪秋泛圖　沈廷芳

騷人泛剡曲，爲愛名山多。溪光動古壁，秋色明煙蘿。時有清香來，遠渚聞殘荷。菰蘆雜蘋蓼，奕奕揚微波。中流

自容與曲折隨艑艖昔遊每入夢塵境浮青螺丸讀吾友書恍若重經過雅懷將毋同歲月空蹉跎溪山不負客歸計當如何

剡中人蠶紙歌　胡天游

榑桑大蠶存霜蘢紅霓纚絲梭投鳳疊織仙裳輕五銖九州作被仍無用族眠山蠓初蠕蠕吐絲夜半相縈舒硾冰砑雪不待煎魚網天然驕蜀都奇功巧費無歸處何異三千雕玉楮總負吳娘一片心未堪醉草縈千縷君家門臨剡溪綠蔡倫白邊春萬轂不共舒郎悲古藤幅紙翻誇入蠶熟我無松溪新漂煙亦不要素縑百尺

披花妍賦成遠遊頗欲寫安得青天萬里鋪瑤箋

嵊縣道中記一路所見　沈德潛

山作屏風樹作門盤回細路傍雲根霜林焰焰翻鴉舅潩隴青青長稻孫沙水渡邊還問渡炊煙郵外又逢郵松篁深處聞鐘磬擬叩人天兩足尊

遊嵊縣四明山宿石屋禪林一夕而返

袁枚

四明山高莫名狀兩峯夾空作屏嶂長篇大股氣鬱蟠絕地通天自開創奇松伸臂似來攫怪石攔人不肯讓白雲偶被風蕩開層樓影落青天上層樓可望不可登

回盤曲折崖千層業已攀藤擁樹氣力盡忽然飛泉截路如奇兵籃輿欲竹擱短心愈急路逾遠分付僕夫行緩緩縱墜深潭也不妨松花鋪地如綿軟僧樓已到坐須臾盲風怪雨起四隅佛堂鐘磬亦大作似與風雨相唱喁客子吹燈暫休息兩耳喧騰灘水急徹夜誰將屋柱搖打門疑有蛟龍入分明身臥海潮中明日先生行不得誰知晨氣來陽光照窗縫未午山路乾樹枝風不動依舊松陰一路歸但添瀑布千條送夜雨朝晴樂不支洗心亭上立多時天公於我若有私早知此老遊山清福尚如許何必年前乾嘑溼哭廣徵生挽詩

過剡溪水急舟不能上

看山不厭複看水不厭曲剡溪百里中兩景皆到目烏篷船小沙石横當時訪戴難爲行想見風流王子敬青天月照烏衣明我來正値春潮起白浪滔滔打船尾緯斷桅崩行不前一落深愁沒溪底水哉水哉聽我言人生月住爲佳耳到海分明會有期問君何苦狂如此

招隱寺　　吴燏文

昭明讀書臺戴公肥遯宅化作空王宫長明照金碧滄桑倏忽殊俯仰悲今昔春蕊玉成灰夜泉珠欲滴遺蹟本幻相況并無遺蹟何處躡高蹤一聲清磬寂

葛仙丹井歌用放翁韻　　孫鋐

葛洪仙去千餘年，葛洪丹井留清泉。緣崖捫草訪遺蹟，蒼苔碧樹空依然。此井汪深有龍臥，丹成九轉天花墮。怪雨匌匒龍怒飛，空山一夜風濤過。至今仙竈化烏有，古渫泥澄雲作友。水花春泛桃花紅，中有丹砂未乾酒

西白山觀瀑　　宗聖垣

山石本堅牢，水性亦勇悍。就下但傾注，撑空如抵扞。水石互爭轟，動靜勢相亂。柔克乃勝剛，石腰忽中判。深排齒齒形，欲吞還吐半。一射一回擊，倒飛作銀爛。卻疑蛟龍翻，噴珠接天漢。星走光四明，風旋態百換。懸崖欲崩

頹夾樹搖青紺言尋褚公廬足虛神力憚暝途賦歸來
猶覺月光燦

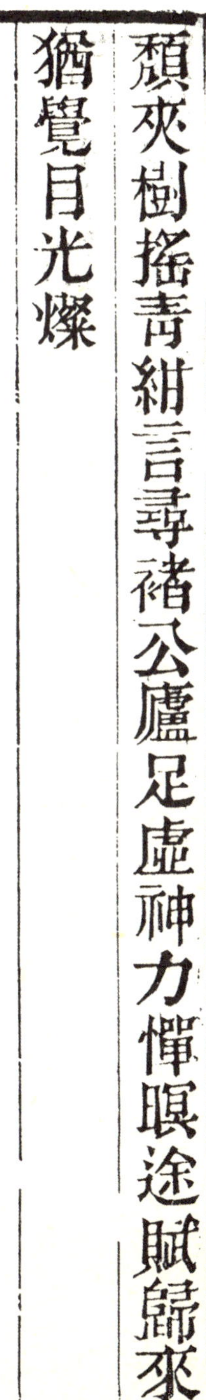

剡溪

東嵊壁立西清風兩巖對峙如雙龍嶂山列障若遮護
四源合鏡明當中曲盤過峽三四里豁然如見津梁通
巨浸瀠洞會淵藪細通百道歸所宗新漲無波蕩春碧
澄潭徹底涵秋空蒲荄夾浦樹齊岸萬綠深入煙微濛
好山秀出不可數雲間遍插青芙蓉二十七鄉茶氣白
一百五日花枝紅人家雞犬隔林竹樹頭鄰尾皆樵農
漁鄉牧笛忽隱現見天雁水分纖濃夕陽欲下翠嵐滴

迢迢梵舍聞疎鐘武陵桃源亦在此淸虛但許留仙蹤
鳴禽破曉雨聲住縠紋溪面光溶溶桃花如雪好乘興
扁舟訪戴將毋同

剡溪棹歌

螺峯歷歷雨初收嶼浦灣灣水亂流東岸垂楊西岸竹
兩行新綠夾行舟
削壁崒蘿望若城千烟低傍樹腰生青楓嶺上茆菴小
樵斧聲兼佛磬聲
黃石渡頭石作堆飛湍激射轟春雷竹編小筏輕於葉
椎髻鴉童放鴨來

槎頭烟翠畫圖新，山鳥沙禽鬧早春。七十二灘灘上下，上灘人看下灘人。

剡溪　　張喬林

高山絶續亂雲堆，天路清虚一道回。百里長河辟禹穴，滿帆秋色下天台。日華臨水龍蛇動，山勢迎人虎豹來。海客莫談荒渺事，茫茫何處是蓬萊。

秋日遊石屋　　王達

愛此好巖石，日影寒蕭森。草荒虎留迹，山空猿一吟。流泉有細響，老木無繁音。忽驚飛鳥墮，機械何其深。

珠溪歌　　樓上層

君不見太白山頭雲裂壁鼎吼風嵌雨花赤又不見姚姥翠織濃於煙鐘鏗劍刹蒼松顛是皆孱嶸古窟宅雙送飛瀑成瑤泉山高水深石齒齒就中瀉作珠溪水精光燭地龍蟠穹玉帶一條吹不起人言老蚌初潛淵南斗夜播星聯躔從茲得名垂千載波折洞府蛟浮涎酉春上元濤驟雪呀軋筍輿花乍密到來溪上峭餘寒俯不見珠仰見月淩波弄月光負然月小於搦珠在天扁舟欲渡帆泊渚只疑身在蓬萊邊蓬萊縹緲那可到海月飛來向吾照倒傾河漢邃深溪許大珠懸渡頭棹血縷瓊崖肉怪螭腰絙鑾蛋爭纖微幾人赤手獲徑寸珠

得卻笑離婁痴與極歸來氣壓渤花落山空籟清發月兮月兮卻挂在蒼龍七宿角東頭隨我西尋十堂笏是時周子家隣溪近不五里豪談雜延我入門書萬軸便飛取月甯無梯洞酌茅齋花映酒傑立文章獨運肘卻教回首看青天溪水到門珠在手世人漫說幔亭遊虹匝沙城月挂樓舉頭重輪渺千里低頭一顆懸滄洲

愛吾廬

倚杖春將老看花晚獨歸花開復花落雙燕渡頭飛

廬峯看雨　孫　昭

南山一何高上有仙靈迹峯頭廬竹多堅緻可爲笛煙

嵐疊晻靄四時恒翠色淸風吹雨來霏微還淅瀝山下
倚樓人淡焉冲抱釋

石梯躡雲

石磴何盤盤千仞如丹梯幽人恣來往策杖相攀躋仰
瞻紅日近回望白雲迷梟梟嘯青猿喔喔聞天雞便登
九州峯一覽羣山低

剡山書院留別　顧鶴慶

小住溪山綠蔭成宮牆數仞接軒楹未應師範推吾輩
差覺心情戀友生老去文章聊復爾少年聲價敢同爭
諸君盡是青雲客萬里風摶雙眼明

乞食簫將類濫竽星峯晴翠潰吟鬢高臺近識劉明府

清宴曾逢陸大夫與古爲徒空自好送人作郡亦何劬

箊田近署越州司馬雨餘天外披襟立尺一裾輕似五銖

花田拜先忠烈公墓下　陳承然

襄樊一夜驚鼙鼓東南半壁傾天柱六陵王氣黯然銷

野老吞聲泣如雨我公堂堂判處州國亡與亡死其所

旅櫬歸從剡縣行兵戎道梗悲艱苦花田馬苧草離離

五百年來瘞此土當時殉國何崢嶸青田大筆曾覼縷

側聞天語特褒忠祠祭春秋榮錡釜標題百尺墓前碑

不是兒孫婿初祖我來瞻拜整冠衣歎息前朝膺獨撫

宋家陵穴樹冬青寒食空山啼杜宇何如歸骨此青山
聚族在斯編世譜春風墓下奠梨花精靈炯炯照今古

發嵊縣

城頭落日淡溪苔剡曲秋帆一片開綠樹幾重隨岸轉
青山無數抱郭來異箋卻許尋藤角仙草曾經問鹿胎
去厺不嫌舟局促下灘流水自縈洄

過長樂夜宿啟佑齋　錢泳

蕎麥花如雪楓林葉似花停輿來問訊聚族盡吾家錦
里頗相訪桃源未足誇開樽分長幼欵欵話桑麻

剡溪舟中醉歌　鮑佳星

十二萬年一棋局古人幾著今人續扁舟笑向剡中來
不效猖狂阮生哭苎蘿美人已黃土錦衣戰士空勞苦
可憐烏喙太區區枉把東吳換西楚楚水吳山千萬重
一瓢一笠一枯筇平生只此山水癖餘事休教恩乃公
黃金如山印如斗何如掌中一杯酒出鳴笳鼓入鳴鐘
何如去作垂綸翁文大夫范少伯齒劍不如同泛宅謝
安石王右軍誓墓安知御敵動人生百年等朝菌摧眉
折腰眞可憫甕有新醅市有鱸呼童更買江臯筍

花蹊愛吾廬八詠　樊廷緒

主人愛花不愛酒得花即種忘妍醜循壁三面百餘步

毒卉佳葩無不有我性愛酒兼愛花對花無奈苦思家
不如日日攜酒花下醉醒來滿身花影山月斜

竹所

亂石周四隅密竹無人刪板門久閉安敢入得無蛇虺
蟠其間空桑之中一枯竹令人對此開心顏況有牆頭
千疊山

桐徑

主人手種雙桐干十年高亦由旬矣綠陰半畝梅雨寒
風搖羅帔藤梢紫曉逕無人嘑乳鴉紅蠶老盡稠桑斜
古墳鬱鬱荒草沒猶作春前蝴蝶花

菘畦

造物生成藜莧腹不信人間有粱肉侯門夜讌厭洴羶佛寺朝饑便豆粥剡西齋厨矜腆豐烹鼈煎鯉愁乃公眼看春筍喫已盡挹來爲我鋤煙菘盤中得菜萬事足我視種菘如種玉

漱玉廊

憶昔驅車大河北徹夜流澌裂崖石更思聽絃越城東平沙落雁捲海風平生箏笛愁淫靡欲挽溪聲洗雙耳空廊月白宵沉沉戔戔洋洋冰玉琴若非少壯江湖夢卽是年來學道心

拱翠軒

草堂三面皆面山低昂出沒戸牖間我從東來三百里
惟見太白高插天如何到此不復見巖巖氣象誠難攀
主人開軒絶低小牆外彷彿露髻鬟未容坐臥且仰對
時與白雲相往還

鸜鵒林

平生從不識鸜鵒今見數羣對門竹堦前得食爭引雛
月下讙呼似警宿吾身何者爲情親邂逅卜得鸜鵒林
鸜鵒飛來復飛去欲往從之無兩翥枝頭百舌工調人
對我能爲鸜鵒語

芙蓉池

地深不盈丈亦頗通泉源餘潤被芙蓉墻陰枝葉繁涼秋九月風霜早坐看落木悲衰老無數花房映水開空羡紅顏鏡中好

九日偕蘅香應君觀社遇錢君鳳于邀歸小憩遂陪施君南榮張君星次同登文昌閣

鮑照

長空天矯雙龍翔鼕鼕社鼓喧神堂百戲横陳廟門外士女觀者如堵墻我來訪俗得酒友相逢一笑寢殿旁攜我登堂踐舊約導我入室覘文房既拜米老袖中臥

起與俱之奇石又探陶公籬下採摘滿把之寒香當窗觀字蹟龍蛇壁上蟠鍾王撫几讀畫本未央春色開朝陽其餘佈置俱精絕雲林淸秘差足相鴈行主人愛客意未已手指傑閣淩青蒼此間高迴足登眺一覽可以窮遐方滿座聞之興飈舉逸馬快脫籠頭韁相將一徑登絶頂萬山迸入青眸光或如獅子踞或作屛風張或似老僧入禪定或若健將登沙場或倚或伏或顧盼表裏明晰又類人衣裳何物造化乃爾作狡獪使我貧兒眼界一朝得開拓向來奇癖十可八九償轉身入席恣豪飲放量一舉累十觴論詩說鬼雜沓少倫次不管山

靈笑我狂夫狂平生萬事多束手品第一任人低昂獨於登臨嘯詠不能自抑制足所未到神先揚况當佳節値佳境肯使後人孱弱前人强徑題一紙留閣上要繼龍山之頂藍田莊

秋日登萬松嶺望太白山歌

松風謖謖松雲飄蒼龍詰曲蟠晴霄紆迴一徑陟山腹人聲漸響溪聲銷攝衣乍喜恣清快高峯忽壓當頭黛盤踞驚看萬嶺顛崔嵬欲出三山外駸駸風雨藏半腹隱隱雲雷伏空籟聲欻頻愁虎豹聞談嘲卻怕山靈怪我聞此山號太白氣象巖巖敵衡岱西連禹穴東四明

曰率兒孫成一隊當年南鎮禹王來曾上稽山拊山背洪荒屈指幾千春歷盡劫灰身不壞至今羣峯羅列剡溪邊參差莫辨雲礽派晉代神仙葛稚川結廬曾此餐清瀣夜半神燈洞口桃居人往往覘靈槩我欲攜筇步其巔白雲片片將身礙塵緣世事未全除此身不合離塵界徘徊欲去意難忘且對此山三百拜日落諸峯返照高歸途曲折逐歸樵回頭卻羡虬髯叟愛爾名山山不遙

孝節祠詩　朱淥

金庭桐柏雄嵯峩烏頭綽楔山之阿右軍雲礽三十六

有子純孝儷貞娥兒頁殊尤父對簿律以三尺議荷戈呼天搶地籲自代鼓聲上擊喧鳴鼉萬山足繭代父役屯田建業窮陂陀皸瘃忍寒嚙冰雪稂穢觸熱耘鋤禾讀書萬卷不爲瘁瘁於胼胝嬰沈痾號咷旅次向空訣訃書一紙飛靈鶱重慈摽擗掩帷泣霜閨臚落驚投梭上有白髮下黄口慘呼髣彼涕滂沱闔門緘淚供滫瀡鞠子襁褓嘑正嗝方歐比柳兼教養蒸藜畫荻牽藤蘿華門憔悴不踰閾高堂日影雙愉娃臾跗不效視含殮茹哀骨立顰雙蛾姑恩罔極毀滅性甘奉盤匜隨森羅憶昔王裒痛父辟講堂弟子廢蓼莪同時常有石潛女

爲父守志誓不磨遥遥家範兩繼踵内史内翰流芳多
我來剡溪瞻祠宇清風亮節輝山河詩成三歎夜不寐
皦皦秋月騰金波

由環水亭至嵊城　盧　梁

客裏復爲客嚴寒逼敝裘麥芒新脱穎柳綫暗牽愁城
小依山立溪長抱郭流一鞭殘照外馬首正悠悠

剡山書院夜坐期同年邢海山不至　周　凱

一棹春風入剡城連宵雷雨值清明空庭水勢摇燈暗
破紙風聲對客鳴幸有殘詩隨手錄不然華髮滿頭生

如何赤鯉雙雙去未肯扁舟爲我行

題呂叉邨貴門山志集句　潘諮

青山幾月有歸夢劉滄　深入西南瀑布峯貫休　雪夜前溪聽鳴櫓蘇軾　吾將此地巢雲松李白

浴鵠沼　周師濂

山成盤谷水成渦雲影霞光混漾多不獨忘機到鷗鷺天邊鴻鵠亦來過

梅墅　周文誥

晦翁當日此停車雪後尋芳處士家片石偶留鴻爪印石上鐫文公梅墅堆瑣四字　梅花珍比紫陽花東陽石洞書院有花萼長八尺餘深紅小

乃小略似胭脂文公手植也後人名之曰
紫陽花至今不絕移栽他處輒不活

仙人洞

洞門開後未曾關一任游人自往還羽客不歸丹竈冷
空餘黃葉滿秋山

友人招集明心寺　　王慶勳

肩輿破曉來同赴幽人約嵐翠撲衣涼朝霞射林薄行
盡綠陰中雙扉露蘭若開軒已公迎清泉先茗酌丁丁
一局棊聲其簷花落旨酒勸殷勤進以琉璃杓良辰追
古歡高歌還大嚼不惟我佛瞋恐惹山靈愕談笑樂未
央夕陽怨登閣嘉會不易逢話別意卽索含情欲贈言

弄奈吟毫弱

流寓

石門新營所住四面高山迴溪石瀨修竹茂林

宋　謝靈運

躋險築幽居披雲臥石門苔滑誰能步葛弱豈可捫嫋嫋秋風過萋萋春草繁美人遊不返佳期何由敦芳塵凝瑤席清醑滿金樽洞庭空波瀾桂枝徒攀翻結念屬霄漢孤景莫與諼俯濯石下潭仰看條上猿早聞夕飈急晚見朝日暾崖傾光難留林深響易奔感往慮有復理來情無存庶特一作持乘日用得以慰營魂匪爲衆人說冀與知者論

登石門最高頂

晨策尋絕壁夕息在山棲疏峯抗高館對嶺臨回溪長林羅戶穴積石擁階基連巖覺路塞密竹使逕迷來人忘新術去子惑故蹊活活夕流駛噭噭夜猿啼沈冥豈別理守道自不攜心契九秋幹目玩三春荑居常以待終處順故安排惜無同懷客共登青雲梯

由東騎山經太康湖瞻眺是題文選作於南山往北山經湖中瞻眺註曰大小巫湖中隔一山於南山往北山經巫湖中過

朝旦發陽崖景落憩陰峯舍舟眺迴渚停策倚茂松側逕既窈窕環洲亦玲瓏俯視喬木杪仰聆大壑灇石橫

水分流林密蹊絕蹤解作竟何感升長皆丰容初篁苞綠籜新蒲含紫茸海鷗戲春岸天雞弄和風撫化心無厭覽物眷彌重不惜去人遠但恨莫與同孤遊非情歎賞廢理誰通

過始甯墅　宋書靈運父祖並葬始甯并有故宅及墅

束髮懷耿介逐物遂推遷違志似如昨二紀及茲年緇磷謝淸曠疲薾慚貞堅拙疾相倚薄還得靜者便剖竹守滄海枉帆過舊山山行窮登頓水涉盡洄沿巖峭嶺稠疊洲縈渚連綿白雲抱幽石綠篠媚淸漣葺宇臨迴江築觀基層巔揮手告鄉曲三載期歸旋且爲樹枌檟

無令孤願言

還舊園作見顏范二中書注元嘉二年徵顏延之爲中書侍郎范謂范泰也舊園會稽始甯閈也

辭滿豈多秩謝病不待年偶與張邴合久欲還東山聖靈昔迴眷微尚不及宣何意衝飈激烈火縱炎煙焚玉發崑峯餘燎遂見遷投沙理旣迫如邛願亦愆長與歡愛別永絶平生緣浮舟千仞壑總轡萬尋巔流沫不足險石林豈爲艱閩中安可處日夜念歸旋事躓兩如直心愜三避賢託身青雲上棲巖挹飛泉盛明盪氛昏貞休康述邅殊方感成貸微物豫采甄感深操不固質弱

易扳纆曾是反昔園語往實欵然曩基即先築故池不更穿果木有舊行壤石無遠延雖非休憩地聊取永日閒衞生自有經息蔭謝所韋夫子照情素探懷授往篇

登臨海嶠初發强中與從弟惠連見羊何共和之

杪秋尋遠山山遠行不近與子别山河含酸赴脩畛中流袂就判欲去情不忍顧望脰未悁汀曲舟已隱隱汀絶望舟鶩棹逐驚流欲抑一生歡并奔千里遊日落當棲薄繫纜臨江樓豈惟夕情斂憶爾共淹留淹留昔時歡復增今日歎兹情已分慮況乃協悲端秋泉鳴北澗哀猿響南巒戚戚新别心悽悽久念攢攢念攻别心旦

發清溪陰暝投剡中宿明登天姥岑高高入雲霓還鄉那可尋倘遇浮邱公長絕子徽音

道路憶山中文選註臨川憶始甯山中也

采菱調易急江南歌不緩楚人心昔絕越客腸今斷斷絕雖殊念俱爲歸慮欵存鄉爾思積憶山我憤懣追尋悽息時偃臥任縱誕得性非外求自已爲誰纂不怨秋夕長恒苦夏日短濯流激浮湍息陰倚密竿故懷叵新歡含悲忘春暖悽悽明月吹惻惻廣陵散殷勤訴危柱慷慨命促管

太白山　齊　孔稚圭

石險天貌分林交日容缺陰澗發春榮寒巖留夏雪

剡紙歌　唐　顧况

雲門路上山陰雪中有玉人持玉節宛委山裏禹餘糧
石中黃子黃金屑剡溪剡紙生剡藤噴水搗爲蕉葉稜
欲寫金人金口偈寄與山陰山裏僧手把山中紫羅筆
思量點畫龍蛇出正是垂頭塌翼時不免向君求此物

從剡溪至赤城

靈溪宿處接靈山窈映高樓向月閒夜半鶴聲殘夢裏
猶疑琴曲洞房間

山中

野人愛向山中宿况在葛洪丹井西庭前有箇長松樹夜半子規枝上啼

剡中贈張卿侍御　嚴維

辟疆年正少公子貴初還早列名卿位新參柱史班千夫馳驛道駟馬入家山深巷烏衣盛高門畫戟閑透迤天樂下照耀剡溪間自賤遊章句空爲衰草顔

山中寄張評事　秦系

終年常避喧師事五千言流水閒過院春風與閉門山客邀上客柱實落華軒莫强教余起微官不足論

晩秋拾遺朱放山居

不逐時人後終年獨閉關家中貧自樂石上卧常閒墜果添新味殊花對老顔侍臣當獻納那得到空山

辭薛僕射 系家於剡山將盈一紀大歷五年人以文聞於鄭守薛公無何薦爲右衛府曹參軍意不欲以疾辭免因將命者輒獻斯文

由來那敢議輕肥散髮行歌自采薇逋客未能忘野興辟書翻遣脫荷衣家中匠婦空相笑池上羣鷗盡欲飛更乞大賢容小隱益看愚谷有光輝

山中奉寄錢起員外兼柬苗發員外

空山歲計是胡麻窮海無梁泛一槎稚子唯能覓梨栗逸妻相共老烟霞朗吟麗句驚巢鶴閒對春風看落花

借問省中何水部今人幾箇屬詩家

龍藏寺　李紳

此寺摧毀積歲貞元十八年余爲布衣東游天台故人江西觀察使崔公以殿中謫官移治剡溪崔公座中有僧曰修眞自言居龍宮寺起謂余言異日必當鎮此爲修此寺時以爲狂易之言不之應僧相視久之而退至元和三年余以前進士爲故薛苹常侍招至越中此僧已卧疾使門人相告曩日所言必當鎮此修寺之説幸不見忘僧偶言寺有靈祇相告爾予問疾而已

不能答及後符其言而詢其存歿則僧及門人悉殂謝寺更頹毁惟荒墟數棋而已因召寺僧會貲以俸錢爲葺之累月而畢以成其往願也

銀地溪邊遇衲師笑將花雨指前知定觀元度生前事不道靈山別後期真相有無因色界化城興滅在蓮基好令滄海龍宮子長護金人舊浴池

新昌宅書堂前有藥樹一株前長慶中於翰林院西軒移歸今則長成名之曰天上樹按宏治府志書堂在嵊縣龍藏寺北

白榆星底開紅甲珠樹宮中長紫霄丹禄結心才辨質

碧枝抽葉乍成條羽衣道士偷元圃金簡眞人護玉苗長帶九天餘雨露近來葱翠欲成喬

剡溪行卻寄新別者　朱放

潺溪寒溪上自此成離別回首望歸人移舟逢暮雪頻行識草樹漸老傷年髮惟有白雲心爲向東山月

剡溪舟行

月在沃州山上人歸剡縣江邊漠漠黃花覆水時時白鷺驚船

送剡縣陳永秩滿歸越　方干

俸祿三年後程途一月閒舟中非客路鏡裏是家山密

雪霑行袂離盃變別顏古人惟賀滿今挈解由還

路入剡中作

截灣衝瀨片帆通高枕微吟到剡中掠草並飛憐燕子停橈獨飲學漁翁波濤漫撼長潭月楊柳斜牽一岸風便擬乘槎應去得仙源直恐接星東

和剡縣陳明府登縣樓

郭裏人家如掌上簷前樹木映窗櫺煙霞若接天台地分野應侵婺女星驛路古今通北闕仙溪日夜入東溟綵衣才子多吟嘯公退時時見畫屏

悼賢詩　宋　劉彝

前剡令過昱字彥專皇祐三年以秘書郎來知剡事連值歲祲出常平錢糴米以活流民復割俸麥七十斛爲種假超化院田十餘頃役飢民耕種之明年得麥五百餘斛民賴以活熙甯中昱已亡餘過故院與僧追誦欷歔見民有道及公者無不流涕因作此詩題之院壁

良疇十頃接晴煙曾假過侯救旱年俸麥一車開德濟流民千里荷生全人嗟逝水今亡矣俗感遺恩尚泫然獨對老僧談舊事斜陽春色漫盈川

題挾溪亭　　盧天驥初名襄

孤亭瞰平野雙溪分兩腋野澗春草香溪清照人碧我來亭上天欲春溪聲野色爭趁人胸中邱壑相映發倏然便欲乘飇輪惜無妙手王摩詰半破鵞溪重畫出溪上應喜得賞音盡遺煙霞供落筆我嗟吟鬢犯車塵一凭危闌眼界新寄謝溪聲與山色他時來作箇中人

接山堂 并序

余嘗愛晉人吏隱多在會稽而子猷冒雪訪戴尤爲一時勝事余以捕寇過剡時方大雪初霽山流暴漲橋斷不可行遂登鹿苑寺憑闌四矚便覺溪山來相映發豈直中令嘗曰應接不暇

處耶遂名茲堂曰接山且賦詩以紀其事時政
和戊戌也

故臘老欲盡新春慳未來無令龍梅覺且遣山禽催雲
間古招提鐵鳳翹斗魁單車夜剎啄境淨無纖埃修篁
舞瘦蛟怒瀑生晴雷坐久談頰風吹我心霧開乃知白
蓮社未下黃金臺緬思王騎曹逸韻挽不回且同謝康
樂屐齒破蒼苔重遊定不惡林壑富詩材

迎薰堂紅梅

河陽滿縣栽桃李風過落花吹不起潘郎遺韻故不凡
爲米折腰聊爾爾剡溪詩尹亦可人作堂餉客名迎薰

雖無桃李繼潘令紅梅一龕香入雲自憐多病繡衣客百年未半髮先白長鞭短帽飽霜露田園將蕪身未索何日背琴攜瘦節鳴琴堂上迎薰風梅香已斷花初暗滿枝著子雙頰紅寄聲艇子可晉意爲我沿溪撑短篷

登鹿苑寺玉虹亭

飢驅愁獲號窮冬層巒秀壁撑晴空閒拖小藤借餘力來看霜巖飛怒虹小奚催呼老欵段瀹鼎篝火烹團龍餘甘入口齒頰爽兩腋便欲生清風悠然千里隳眼界金篦刮膜開雙瞳乃知足力不到處別有天地生壺中國恩欲報已華髮征車未去先晨鐘玉川乘雲紫皇家

謫仙騎鯨河伯宫聊追二子歸禹穴碧空轉首山重重

皇覺寺

倦枕曾遥夢清溪一繫船山寒疑有雨寺古只藏煙未了尋詩債難忘宿世緣回頭雲盡處空有雁書天

登鹿苑寺隱天閣

欲結愛山人共了尋山債未有買山錢愁聞有山買

其二

小雨溼春風倦雲遮落日不若呌風來吹雲放山出

其三

一眼吞萬山寸心貯千里何日上歸舟教人問春水

再登隱天閣

好在滄洲趣青蘋入眼多落紅隨水盡啼鳥奈春何生事詩千首功名印幾窠何如與禪伯軟語坐盤陀

游鹿苑寺

喜策尋春屐登高不待扶蟻寒穿柳影蜂暖抱花鬚把酒憐櫻筍臨流憶鱖魚他時公事了方有醉工夫

石鼓山

山在江城欲盡頭招提無事著清幽寒沉水底長流月冷入天圍不剩秋郵舸還遺看鶴戸溪寒只受釣魚舟眼前佳思能如許恨不常爲隱地游

剡山瑞香

入夢生香酒力微不須金鴨裊孤馡爲嫌淡白非眞色
故著仙家紫道衣

定林寺沿溪採石菖蒲

曉行隱隱入花郵小雨初晴水氣昏莫厭僧家能冷淡
且穿芒屩採溪蓀

泛剡溪

愁呵龜手冷搖鞭乘興來登訪戴船解事篙師小鳴艣
恐驚寒雁入晴天

下鹿苑寺

著地嵐陰撥不開傍閒同到妙高臺老僧只恐泉聲少坐遣飛雲喚雨來

貰門卜築　李易

亂後亦擇居筮山山輒許居民百餘家喜甚手欲舞云久聞公名此幸殆天與感茲鄭重意時節共雞黍剡川非沃野地僻民更窶趁時務擷茗餘力工搗楮寡婦念遺秉洿池憐數罟我欲教耦耕盡力循南畝桃杏種連山深居可長處東隣有節士酒酣乃發語公昔起布衣高誼掩前古親擢類平津決見逢眞主兩宮伫六飛萬乘思一舉交侵正倔强蠭起益窮午浩然公獨歸偶出

甯有補默塞復何言長歎汗如雨

西溪

玉龍劈山開南騖肆奔猛風蕩雪濛濛月流光炯炯壯氣動貴門前驅入蛟井萬籟息中宵一區臨絶境奔雷有餘音捶磬得深省白雲無所聞就宿孤峯頂

剡山書所見

剡山無數野薔薇黃雲爛漫相因依玉杯淺琢承墮露金鐘倒挂搖晨暉斑竹筍行三畝地紅藥花開一尺圍豆角嘗新小麥秀來禽向長櫻桃肥歌舌隨風柳外轉翠羽帶水煙中飛魚跳破浪分赤鬣鶴唳拔松翻縞衣

鄉關萬里久無夢巖壑四年今息機丁甯杜宇往江北爲喚故人令早歸

居剡一篇寄鄭天和

金庭洞在桐柏山山高一萬八千丈中有神仙不死區郁郁黄雲覆其上透巖流壑繞四旁面勢參差皆意向雞登天姥有時聞鶴在沃洲何待放綵衣大勝宫錦袍白髮奉親仍縱賞異才爭出輔清朝爽氣自欣游碧嶂古來無位有重名吾家謫仙陸魯望平生願到猶不諧剡復區區走俗狀桃源康樂舊鄉存路接風煙聽還往渡江正爲九華丹石箭飛泉歸指掌鸞翔鵠浴傳異時

列岫方池間想像剡溪隨處可卜居乘興扁舟一相訪

貴門山仙人洞

雲巘分佳茗風潭矗怪松書疑黃石授稅可紫芝供抵玉那驚鵲探珠欲近龍晚來聽盡雨乙水濯塵容

龍潭　一作羅漢石

鐵騎侵淮海龍潭路始通雲生迷寶刹月出現珠宮瀉澗泉噴薄依巖樹鬱葱神交難獨擅吾黨契元同

登軍營塢

搴裳涉流水倚杖送歸雲海角春潛到山腰路忽分伏龍應厭睡飛瀑駭論文鸛雀知機早翻然不待羣

浴鵠沿　一作王鋌

浴鵠開新鑑，纖塵莫遣遮。翠光爭水鳥，紅影湛山花。天外時分月，林端更蔚霞。高飛留舊迹，全付謫仙家。

太白山見吐綬鳥

昔人仙去斷丹梯，憔悴深山吐綬鷄。百囀和鳴非我事，漫將文采慰幽棲。

題仲皎倚吟閣　王鋌

賀家湖東剡溪曲，白塔出林山斷續。雪中興盡酒船空，境高地勝何由俗。誰結禪居在上方，山房曲折隨山麓。箇中非動亦非靜，自是白雲簷下宿。

廉宣仲訪戴圖

剡溪萬壑千巖景人境誰能識心境君畫山陰雪夜船始悟前人發清興眼中百里舊山川荒林雪月縈寒烟應緣興盡故無盡賓主不見甯非禪當年戲留一轉語不意丹青能盡覩更畫人琴已兩忘妙畫子猷眞賞處

剡溪久寓

山水戴逵宅尚餘清興中千巖落花雨一逕卷松風酒茗延幽子圖書伴老翁長生吾不羨久悟去來同

戴溪亭

碧玉仙壺表裏清我來閒伴白鷗行四山迤邐青圍野

一水蜿蜒碧繞城試問春來觀秀色何如雨後聽寒聲
昔人飛馭煙霞外落日空含萬古情

圓超寺 即今惠安寺

松間清月佛前燈庵在危峯更上層犬吠一山秋意靜
敲門知有夜歸僧

題普惠寺方丈

鏡裏形容水底天定將何物喻真禪心安便是毘盧界
盡日添香伴兀然

題故人廉宣仲子猷訪戴圖後

白玉花開碧玉灣戴逵溪上謝公山若教當日逢斯景

肯道扁舟盡興還

越溪梅接剡溪濱得意還成一景春此日可憐高興盡

扁舟處處作東隣

山圍水轉碧玲瓏月在羣山四合中香滿一船梅勝雪

休誇訪戴畫屏風

梅英與雪一般色不得北風香不知懶詠左思招隱句

先生今有畫中詩

登祓溪亭

剡中何許隔林垌無復晴嵐到眼明賴有西南天一角

亂雲深處疊秋屏

雪後渡西溪

雪後孤邨一段煙晴光遠照玉山川酒旗隔步閒招客獨上西溪渡口船

山邨

家依溪口破殘邨身伴渡頭零落雲更向空山拾黃葉姓名那有世人聞

挾溪亭次盧天驥韻　王十朋

路入剡山腰風生玉川腋孤亭物外高雙溪眼中碧山僧作亭去幾春賞音端的逢詩人自從妙語發邱壑遂使絕境多虓輪我來首訪維摩詰問訊雙溪自何出發

源應與娶溪同賦物慚無沈郎筆憑闌一洗名利塵入眼翻驚客恨新出門重重水如帶何能挽住思鄉人

偃公泉

泉自何時有得名從偃公誰能繼長陸爲載水經中

餘糧山

禹蹟始壺口禹功終了溪餘糧散幽谷歸去錫元圭

阮肇故宅

再入山中去烟霞鎖翠微故鄉遺澤在何日更來歸

戴溪亭

剡水照人碧剡山隨眼青我來非雪興暫上戴溪亭

艇湖

千古剡溪水無窮名利舟乘閒雪中興惟有一王猷

燕竹

問訊東墻竹佳名始得知龍孫初迸處燕子正來時

剡館蠟梅

非蠟復非梅誰將蠟染腮游蜂見還訝疑自蜜中來

剡館葡萄

珠帳纍纍挂龍鬚漫漫抽從渠能美釀不要博涼州

剡館海棠

欲與春爭媚嫣然一笑芳雨中如有恨疑是爲無香

在剡詠芍藥

已過花王候纔聞近侍香來游禁酒地逸作退之狂

戴顒墓

曠野塚纍纍子孫猶不知千載戴顒墓三字道旁碑

薝蔔

禪友何曾到遠從毘舍園妙香通鼻觀始悟佛根源

白桃

洗盡夭夭色冷然衆卉中卻將千葉雪全勝幾枝紅

千葉黄梅

蒳以黄爲正梅惟白最嘉徒勞千葉染不似雪中花

和題秦隱君系故居

山中高韻欲逃名不謂名隨隱處成盤石一泓詩數首也曾攻破五言城

題吳孜祠

右軍宅化空王寺秘監家爲羽士宫惟有先生舊池館春風長在杏壇中

夜坐憶剡溪　　陸游

早睡苦夜長晚睡意復倦斂膝傍殘燈拭昔展書卷時搔短髮稍稍磨凍硯更闌月入戸皎若舒白練便思泛樵風次第入剡縣名山如高人豈可久不見

戲詠閒適

剡曲溪山是故鄉人言景物似瀟湘三升花露春壺滿
八尺風漪午枕涼樹合綠陰山鵲閙盆鐫紫石水梔香
回思烏帽京塵客始覺幽居日月長

游修覺寺

上盡蒼崖百級梯詩囊香椀手親攜山從飛鳥行邊出
天向平蕪盡處低花落忽驚春事晚樓高剩覺客魂迷
興闌掃榻禪房臥清夢還應到剡溪

題瑩上人畫

天地又秋風溪山憶剡中孤舟幸閒著借我訪支公

題剡溪瑩上人梅花小軸

孤舟清曉下溪灘爲訪梅花不怕寒忽有一枝橫竹外
醉中推起短篷看

桂花次楊少雲韻　高文虎

玉兔杵霜千萬粒淒風折作四花凝廣寒慣識朝眞趣
一笑秋空意欲淩

石楠　高似孫

自隨野意了山行香浸楠花白水生借得風來帆便飽
隔溪新度一聲鶯

术

下簾深與意商量無酒何如此夜長一筋朮絲仙有分依然只作秘書香

謁宋朝奉郎錢德茂公植墓　　錙績

佳辰命游侶整轡出郊坰東南指上巖葉郁古名上巖蘿磴緣窆青度險石齒齒漱幽水泠泠日晏抵斯境雲厓連翠屏湍洞騁手濯林茂樂嚶鳴山澤固靈氣陰陽殊晦明右蹲伏金魄左挹閟蒼精淑哉武肅裔爰茲卜佳城穹祠儼新構殘碑覆古亭揭來訪舊迹剔蘚拂遺銘於時淹暑雨翻瀾如建瓴曹元總愛客釃酒羅羶腥翺茲羣賢集文物式攸矜緬懷世德隆宛宛見儀型積善豈虛

應福害由謙盈千祺期弗替永言薦明馨

三懸潭

欲識三潭險相將踏磴臺青天咫尺近丹壑萬尋開沫噴千秋雪晴喧五月雷尋幽不到此客負剡中來

題周汝霖水竹軒　劉師邵

玲瓏蒼玉圍瑣窗凝碧入簾翡翠光秋波漾空醮寒緑迴飈拂煙鏘珮瑞浴金薰爐水紋簟生色曲屏照迴檻幻魄光搖十二欄鳳凰飛出參差管水仙騎龍歸渺茫蘭芽出土氤氳香湘流不盡湘雲杳夢落蒼梧九峯小

卧雲軒

臥雲先生賢且都結廬且與雲爲徒雲生几席不可少四時雲氣常模糊先生愛雲住空谷雲亦何心漫相逐朝來乍出與雲離日暮還歸伴雲宿有時荷犁耕白雲雲中雞犬聲相聞秫春雲碓釀春酒飲酣調笑雲中君我來賸得雲山趣又欲緣雲覓歸路明朝相憶五雲西回首璚田渺雲樹

籚峯看雨　　王稌

剡西多名山籚峯擅靈秀絕頂生白雲好雨飛清晝捲簾看移時飛泉落巖竇

石梯躡雲

石磴如危梯捫蘿差可上白雲足底生清猨耳邊響安
得王子喬飛舄共來往

剡溪　陶望齡

剡溪如畫映清波石磴崚嶒挂碧蘿虹亘雨橋思去馬
帆輕百道傍浮螺夜燈郁落紅千點春釣汀洲綠一簑
明月寒潭無限景山陰樂興雪中過

百丈潭　張岱

余曾入龍湫仰面看瀑布余踞龍湫上瀑布出吾胯石
齒何嵯岈奔流激其怒鯁咽不得舒張口只一吐萬斛
遂傾囊一去不復顧風雷送白龍攫奪山鬼怖噴薄盡

驪珠逆鱗焉足護余憤塡胸中磊塊成癖痼何日劃然開探喉如吐哺大快復酸辛破我千年錮笑與涕淚俱氣慄無可措此氣既已伸山靈敢復茹願隨百丈泉奔騰出雲霧

剡溪夜行三首　錄一　國朝　王光承

蕭蕭飛鴻羽迢迢逐水流暮雲遮斷浦暝色上高邱誰是戴安道空勞王子猷明知興已盡無處可歸舟

家中掛冠避地董邨董邨剡東之至僻者也侍行二首　錄其一

此地稱奇僻緣厓上碧空弟兄千里外父子萬山中野

店龍王井深林虎張風家君偏嘯傲不肯泣塗窮

貴門山集唐四首　俞忠孫

别業居幽處遥天倚黛岑雲溪花淡淡山木日陰陰檐際千峯出堦前衆壑深偶來乘興者勝景想招尋

徑轉危峯逼攀蘿欹復行一隅連嶂影千仞落泉聲野果新成子山花不辨名忽然風景異如在小蓬瀛

高步陟崔嵬人占仙氣來層崖懸瀑溜野逕約山隈澗篠緣峯合柴扉隔岸開適知幽遁趣盡日不能回

沓嶂開天小盤回出薜蘿路經深竹過情向遠峯多流澗合輕雨通林帶女蘿幽林芳意在孤賞欲如何

剡溪舟中　　葉蓁

揮手脫塵堁解纜刺孤艇旱後溪水淺歷歷見沙影稍次匯衆流開頭力乃猛後顧來舟遲前望去帆迥煙郁隔迎送雲壑變俄頃連山走會稽不絕如修綆歷覽念疇昔一一皆勝景茲來愜所賞未到先引領眼落飛鳥外心寄雲峯頂扣舷發浩唱明月出東嶺

嵊縣志卷二十四終

嵊縣志卷二十五

邑人

短簫　　梁　張嵊

促柱紘始繁短簫吹初啖舞袖拂長席鐘音由簴亮已落櫩瓦間復繞梁塵上時屬清夏陰恩輝亦非望

西溪早行　　姚寬

清晨出故溪𨻳曲未聞雞草露平平濕溪雲漠漠低轉山人忽見分路馬多迷作客風埃裏難堪聽鼓鼙

春暮送碧雲闍黎歸靈巖

歸意太匆匆逢春去住中淡香花逕雨薄影絮行風覓

向愁何許談元輿不窮因緣知有處祗莫恨飄蓬

和令威春晚即事　許志仁

臥看遊絲媚遠天起尋幽徑卻茫然句成落絮飛花裏心在殘霞夕照邊無復雙魚傳尺素空餘寶瑟思華年年來情味人應笑白髮傷春祗醉眠

法華寺　姚鏞

入門松徑幽樹杪見鐘樓客至犬迎吠香消僧出游水光迎晚照風葉引涼秋欲作居山計吾盟在白鷗

寶積寺　過守約

層楹作勢壓禪扃俗眼塵昏到易醒千幢樹排車蓋翠

萬螺山巔佛頭青夜將溪月澄心鏡春把巖花作畫屏

我欲期師不須出世途今險甚東溟

雜詩　　吴大有

山中多雨水秋晚正妨農病葉和根煮新粳帶溼舂擁

沙埋廢井墮石折枯松寂寂猨嘯晝白雲藏數峯

石窗訪金庭道士劉友鶴　　許薦

拄杖敲雲登翠微蒼蒼青蔓牽人衣寒泉涓涓澗底發

幽鳥逐逐山前飛路入青雲細如綫天風吹落桃花片

忽聞白鶴空中鳴報道劉郎請相見

四明山石窗

玲瓏九洞天壁石四明山曉檻烟霞煖夜窗風露寒龍吟眠正熟鶴唳飲方闌塵世無人識關門煮白丹

題張莘疇東山樵屋　元　史濂

君不見前漢會稽朱翁子擔薪在道誦書史一朝富貴衣錦歸五馬聲名振閭里又不見後漢山陰有鄭公採薪日日耶溪中鶴山偶拾仙人箭朝南暮北來樵風莘疇居士剡溪曲竭來東山置樵屋夕陽壓擔不爲勞幽谷丁丁歌伐木棋聲剝啄着爭先疑君便是爛柯仙高山流水如聞韶知君曾取爨下焦荆扉反關山窗靜松火熒熒蒸茶鼎石株竹筒亦幽絕別是一壺貯風月近

聞多收鄴架書柴門可傲小石渠自名其屋託以樵深居欲養林泉高我本南山老樵耳登山東枯將禿指短褐過骭騎黃牛高歌叩角空山秋樵屋徵詩誠好奇未聞煮字堪療飢君今肯學芻蕘者更斫生樵爛煮詩

上趙主簿霽宇　張　爚

辭棘鸞飛遠重來棹雪舟政聲清似水官況冷於秋譜系王侯貴文章班馬流賑民問錢穀名已在金甌

重沓嶺

松間疊石步高低嘑鳥幽林聽隔溪七尺枯藤可扶老青鞋香汗落花泥

請趙季憲道可主玉虛道院　季憲風流多文

來自東山東復東飛空一劍伴絲桐能令矮屋疎籬下
如在十洲三島中鍊句入神敲夜月談元動客笑春風
聞師曾得長生訣同採丹砂訪葛翁

爲張莘疇題玉虛道院　崔存

小結烟霞作洞天日長無事即神仙栽松待化山中石
種秫因分屋外田滄海十洲人不到丹砂九轉世空傳
何如坐對黃連灶一卷南華內外篇

玉虛道院　朱鼎元

山東捨宅爲琳宇公子超然趣不羣帝足龜蛇交水火

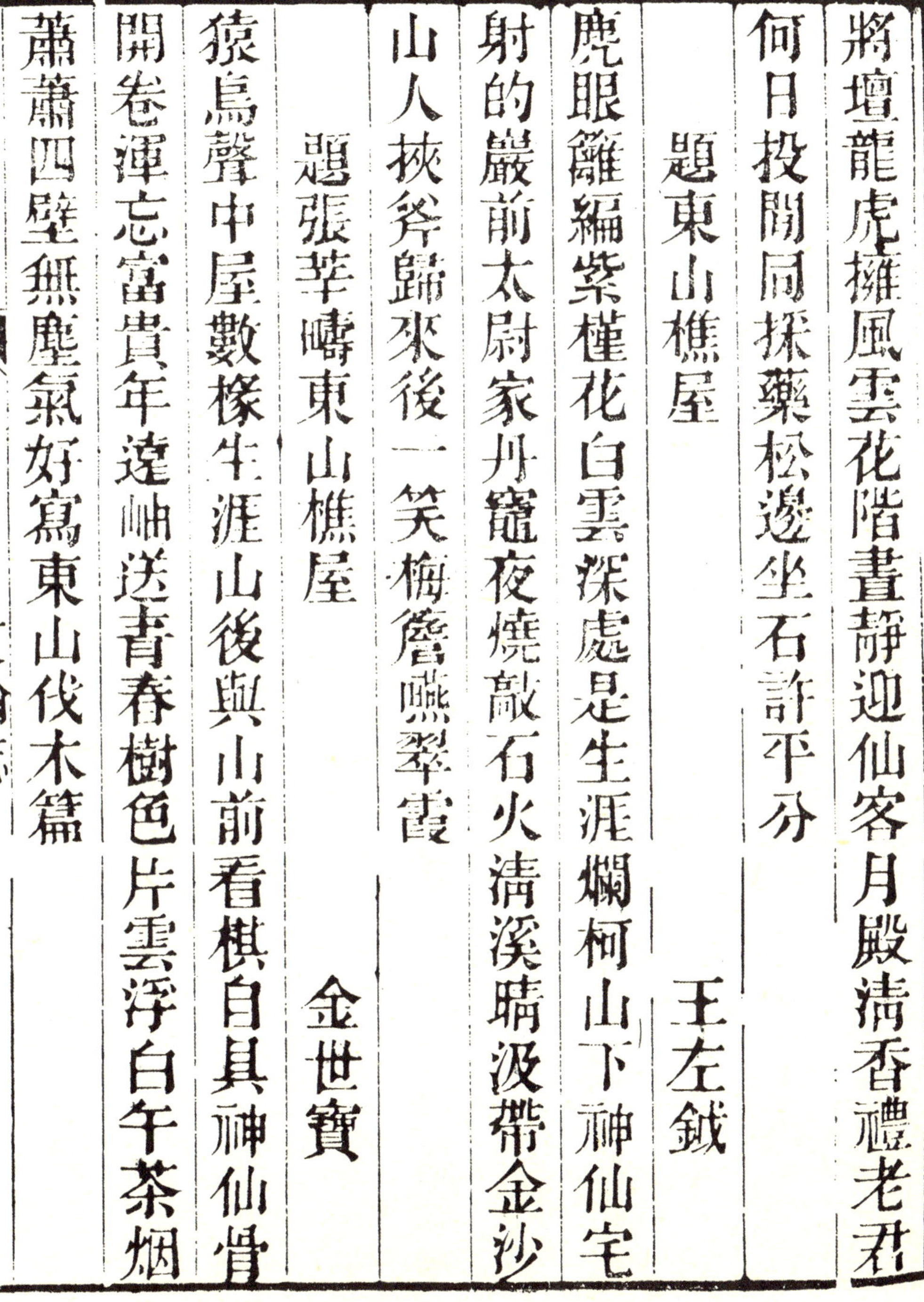
將壇龍虎擁風雲花階畫靜迎仙客月殿清香禮老君
何日投閒同採藥松邊坐石許平分

題東山樵屋　王左鉞

鹿眼籬編紫槿花白雲深處是生涯爛柯山下神仙宅
射的巖前太尉家丹竈夜燒敲石火清溪晴汲帶金沙
山人挾斧歸來後一笑梅簷燕翠霞

題張莘疇東山樵屋　金世寶

猿鳥聲中屋數椽生涯山後與山前看棋自具神仙骨
開卷渾忘富貴年遶岫送青春樹色片雲浮白午茶烟
蕭蕭四壁無塵氣好寫東山伐木篇

龍湫　錢晃

神物淵蟠如許深水雲蒸鬱畫成陰應知亢晦宜藏伏
無復爲霖出世心

贈呂孟倫　許汝霖

太白山前習隱者清光開軒炷香炮當軒長松碧連雲
一邱一壑正瀟灑燕坐時籤岐伯書茯苓熟煮供神厨
我哀世人痌瘝如請予盡發囊中儲三蟲不怕二豎驅
吾廬洵美甯潛居

清風嶺　陳君從

嵊浦之南天姥之北清風嶺上石壁間血字模糊有餘

赤云是王家節婦誓死時精誠感天貫金石當時被虜
來天台拋男棄女隨風埃豪酋含情向天笑王氏再拜
陳辭哀自言人生豈能狗彘麻在身血在口姑喪未了
十日期妾獨何心奉箕帚豪酋聽之爲動色頷首無言
指天識行行擬到越王城錦帳羅幃設華席婦面如灰
心轉苦四顧淸風眞死所嚙指題詩躍斷崖圖得遊魂
免爲虜至今血漬苔蘚斑子規夜夜啼空山淚染巖花
墮紅雨白雪自逐溪風還卻恨當年大江左多少英雄
氣如虎甘爲臣妾學倒戈不値淸風一坏土君不見朱
娥山下墳曹娥江上水孝節相聞數十里水色山光互

吞吐三靈在天星在戶耿耿彝倫照今古

香山塔院　　明 單復亨

招提登覽久野客興偏濃路入千巖翠窗涵萬疊峯溪聲來小院雲影落長松坐對老禪榻焚香話苦空

遊惠安寺　　錢 莊

欲識招提境相將策瘦藤風鈴鳴雁塔旛影暗禪燈鐘斷鶯聲細烟消瑞靄凝浮生駒過隙何必羨飛騰

遊桃源觀

宿雨初收月露文糢糊樹色未全分羅衫拂影桃花落藜杖穿雲柳絮紛 仙馭珩璜鳴秘館簫聲彷彿隔梨雲

御懷採藥劉郎處一徑蒼苔鎖夕曛

璐田歌　張逖

山如城水如帶谷口深谷中大璐田宅裏鄮虔基碧瓦紅樓至今隘年年三月茶笋香家家壓酒勸客嘗嗟哉剡源風不惡寬褐方巾人甚樸作此歌聲不磨

石梯躡雲　錢尚直

石梯千仞白雲間登陟猶如蜀道難回首但驚天地闊不知身在幾重山

清風嶺用陳亦亭明府韻　王鼎

濺嶺曹憑霜雪撼照江碑待日星扶閭閻風義存殘宋

何況鬚眉陸秀夫

汴北三軍輪莫返，江東一女節能扶。嗁痕不化鵑飛去，終古青山泣望夫。

八千餘騎心難恃，五十六言雅共扶。須知巾幗無馮道，爲報羅敷自有夫。

凌霜節共千松峻，化石心堪一劍扶。南紀倫常兒女喻，東湖莫怪有樵夫。

挽璚田錢松崖　錢尙賓

身甘代父死無辜，飲慣封章上帝都。丹照喜容全骨肉，彩衣甯得弄嬰雛。孝名自許同天老，壽算咸期到海枯。

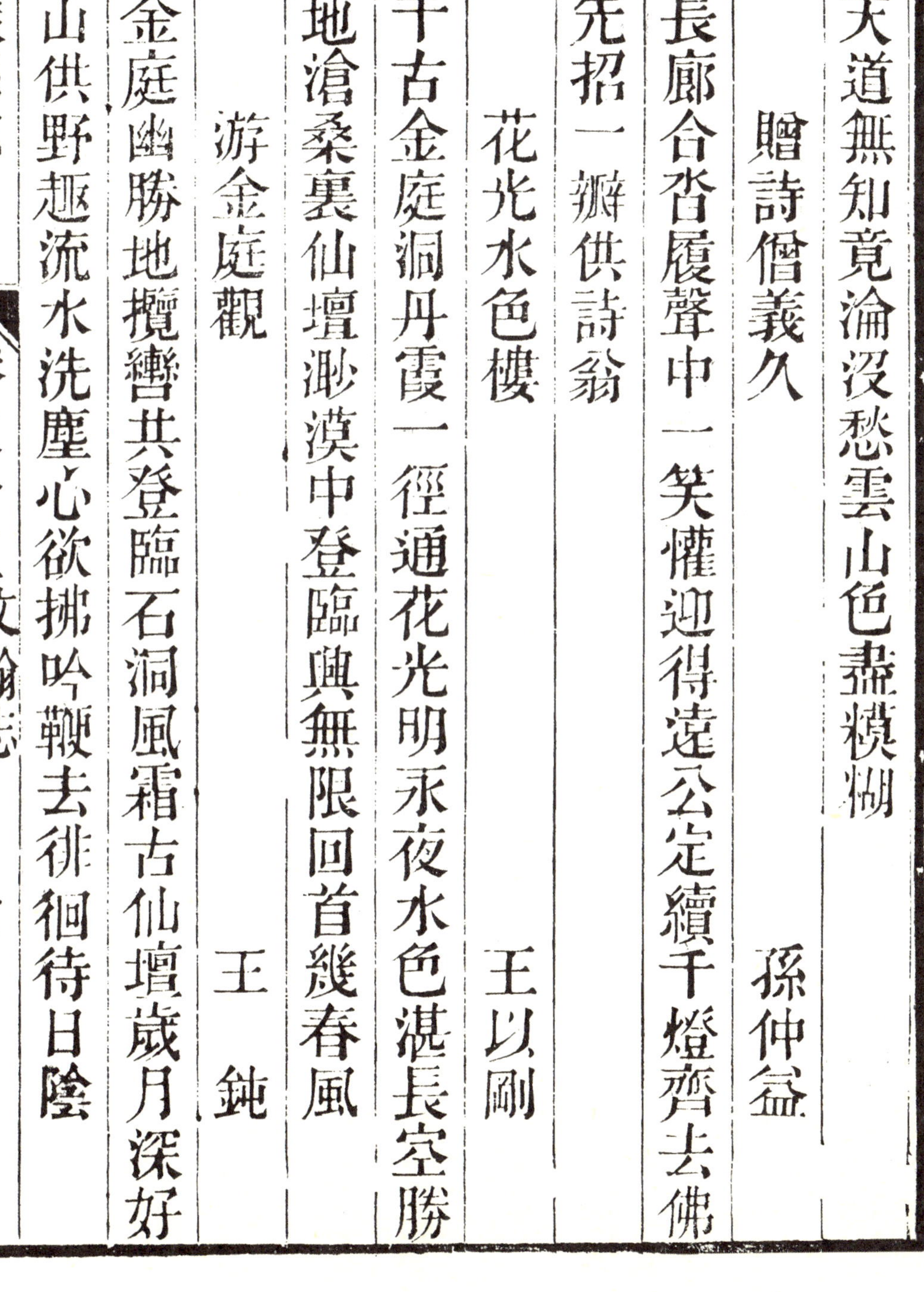
天道無知竟淪沒愁雲山色盡模糊

贈詩僧義久　孫仲益

長廊合沓履聲中一笑懽迎得遠公定續千燈齊去佛先招一瓣供詩翁

花光水色樓　王以剛

千古金庭洞丹霞一徑通花光明永夜水色湛長空勝地滄桑裏仙壇渺漠中登臨興無限回首幾春風

游金庭觀　王鈍

金庭幽勝地攬轡共登臨石洞風霜古仙壇歲月深好山供野趣流水洗塵心欲拂吟鞭去徘徊待日陰

題阮肇故居　　張胄

春溪溶溶春水滿兩岸桃花連不斷遥看彷彿武陵源
曉色晴薰洞霞煖花深樹密別有春青山夐絶無塵氛
參差樵舍依林住窈窕漁家傍水濱當年劉阮曾居此
採藥天台遇仙子靈境那知難再逢塵緣未斷思鄉里
歸來但見七世孫舊交零落知誰存人間歲月等飛鳥
浮生頃刻何須論我來弔古得遺蹟祠廟荒涼翳荆棘
逝水東流去不迴桃樹年年自春色

剡山

剡山千丈聳晴空下瞰羣峯培塿同官舍半依青嶂外

僧房多在白雲中清吟此日思王銍高隱當年憶戴公卻笑秦皇多此鑿不知隆準起山東

羅烈婦哀詞　錢汝貫

羅烈婦命何苦從夫未三年中道戍閒阻姑亡舅年高寂寞誰與伍强將門戶自支持晝擘萱麻夜紉補小郎當盛年其力復如虎昨夜走擁門直前敢相侮羅烈婦叫皇天呼后土欲避欺凌竟何所願赴黃泉叫杜宇羅烈婦命何苦我作哀詞陳爾肺腑觀風使者天上來會見淸名播千古

璚田

剡中饒勝境最好是璃田俗僻輪蹏少居稠棟宇連桑麻滋廣陌詩禮繼前賢冠履名場地笙歌小洞天龍湫雲氣潤龜石露紋鮮釀酒時留客圍棋或遇仙樵謳雲外起漁唱月中傳陟險穿吟屐臨清放釣船藥爐明宿火茶竈起新烟李愿誇盤谷王維詫輞川雲開山作畫雨過澗鳴絃風景恣登眺濡毫賦短篇

天竺寺　王寅

尋幽遠到梵王家踏蘚捫蘿鳥道斜半畝銀塘通石罅滿簾金粉散松花巖前草暖初眠鹿林下煙凝正煮茶老衲心情何所似野雲孤鶴在天涯

陳古靈先生祠　　錢悌

千載古靈廟，鄉民作社壇。聲鏗犇小澗，香薦掇芳蘭。空壁描青雀，晴光入畫闌。解衣磅礴久，嵐靄逼人寒。

題王鈍劬書閣　　袁鉉

人生穹壤間，百事宜習勞。所勞在六籍，識廣志自超。先生世儒家，立志異常髦。思與姬孔接，神與朱程交。簡編肆探索，精粗析秋毫。兀兀窮歲月，繼晷焚蘭膏。乃厭喧雜聲，別築山之坳。峩然成傑閣，輪奐千雲霄。揭扁時仰瞻，冀免寒暴嘲。願言益自勵，終始慎此操。他年深造詣，至理融以昭。

過圓超寺次黃別駕韻　丁哲

別駕巡游爲軫瘝公餘乘輿訪名山滿林嵐氣蒸衣濕
一逕苔痕染屐斑石壁插雲天路近藤蘿過雨鳥聲閒
江南行樂知多少罕有登臨到此間

游靈源菴　夏雷

步入招提眼界寬森然數畝碧琅玕層崖滴翠半空雨
萬木屯陰六月寒活水有源通石竇白雲終日護經壇
蹁躚更有成雙鶴得食階除去復還

畫圖山

舟過碧溪漁唱杳雲收斜谷雨聲殘生來老檜龍皮皺

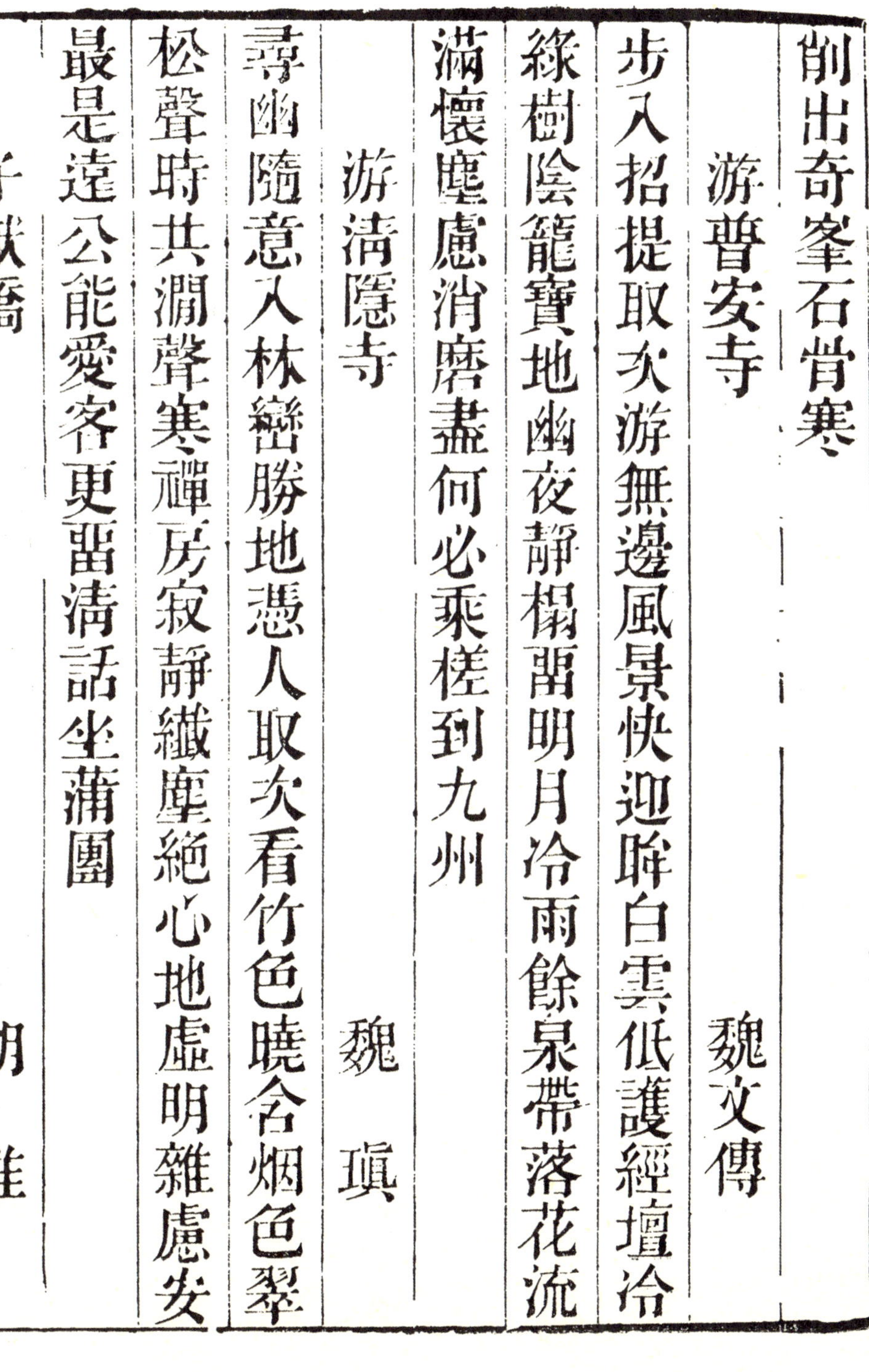
削出奇峯石骨寒

游普安寺　魏文傳

步入招提取次游無邊風景快迎眸白雲低護經壇冷綠樹陰籠寶地幽夜靜榻留明月冷雨餘泉帶落花流滿懷塵慮消磨盡何必乘槎到九州

游清隱寺　魏瑱

尋幽隨意入林巒勝地憑人取次看竹色曉含烟色翠松聲時共澗聲寒禪房寂靜纖塵絶心地虚明雜慮安最是遠公能愛客更留清話坐蒲團

子猷橋　胡淮

百尺長虹臥碧波依依兩岸枕青莎絕憐一夜扁舟興
贏得芳名萬古多

金庭山毛竹洞　張燦

毛竹陰森洞門古靈蹤舊號神仙府洞中仙樂杳難聞
月明微聽朝眞鼓鶴馭鸞輿紛往還仙官催入玉宸班
裊裊妙韻在何許只隔烟霞縹緲間

嶀浦

夕照穿紅波瀲瀲漁家舴艋臨孤岸一聲欸乃水雲間
鷗羣驚起晃羣散太平官事不相關醉歌長得開笑顏
曉風歸棹泊何處只在黃蘆淺水灣

艇湖

素練涵光川色靜淅瀝篷窗六花迸亭亭孤艇雪中行
清絕難禁此時興訪戴高人去幾秋至今登覽慕王猷
莫誦當時招隱曲一官還是晉風流

金庭墨池

元香漬水沉雲黑肘運縱横秋兔泣當時神龍號無雙
千古能書誇莫及碧澗荒涼古蹟存猶含遺墨映氤氲
公餘按轡攬奇勝好似蘭亭高會人

王母石氏節孝歌

舞鸞鏡劈鴛鴦離麝煤誰畫遠山眉空閨寂寞蕙蘭敧

閉戸獨誦其姜詩堂上老姑垂暮齒膝下嬌兒幼方乳梧桐雨暗孤燈明甘旨供餘習機杼心許黄泉不二天天應照得此心堅不然請看池中藕湧出雙頭並蒂蓮

西溪晚步

空闊川原入望平晚來天色弄晴陰虹邊殘雨疏疏下鵶背斜陽閃閃明淺渚微波羣鷺浴斷堤高柳一蟬鳴行吟澤畔非憔悴漁父無勞詠濯纓

紫極宫

衆峯巔上鶴成羣碧洞靈芝産石根雲引晝陰歸竹塢水流春色出桃源藥爐伏火仙留訣茶竈生烟客到門

欲就上清傳寶籙未知何日謝塵喧

游金庭觀

金庭山拔東海頭南連華頂西沃洲地脈遥通海間國天光鬱抱巖中僂仙家洞天三十六金庭正在神仙籙日觀霞宫縹緲間雲齒霧閣逶迤曲煉丹道士懷玉霄每於洞口候琅璈驚興或降赤松子鶴馭時來王子喬靈蹤一閟今千載羽葢飇輪復何在五粒松子不可攀三秀靈苗誰許采晉朝内史王右軍舊宅嘗寄兹山根清談已無舊賓客高致還遺賢子孫衣冠閥閱開天表暇日邀余共探討石刻間摩沈約碑墨痕猶記羲之沼

放鶴臺前春樹晴濯纓亭畔石泉清瑤草叢深臥馴鹿
碧桃香煖聞啼鶯攀蘿陟險窮幽谷盡日清游殊不足
一道飛泉瀉玉虹半畝清陰覆茆屋王郎手攜九節笻
雄詞宛有謫仙風香爐五老屹相向紫烟上罩金芙蓉
壺觴晚就松下酌高朋滿座爭懽謔劇飲狂歌烏角巾
高歌醉擲金錯落飲餘長嘯倚林坰散作林間鸞鶴聲
裁詩復和神仙曲寫石共結烟霞盟青天月出興未盡
攜壺又欲花間飲萬事須憑北海樽百年盡付邯鄲枕
此情於我更悠悠但思方外覓丹邱遙遙瀛海安期棗
渺渺扶桑徐市舟仙丹有緣豈相隔偶隨風塵爲行役

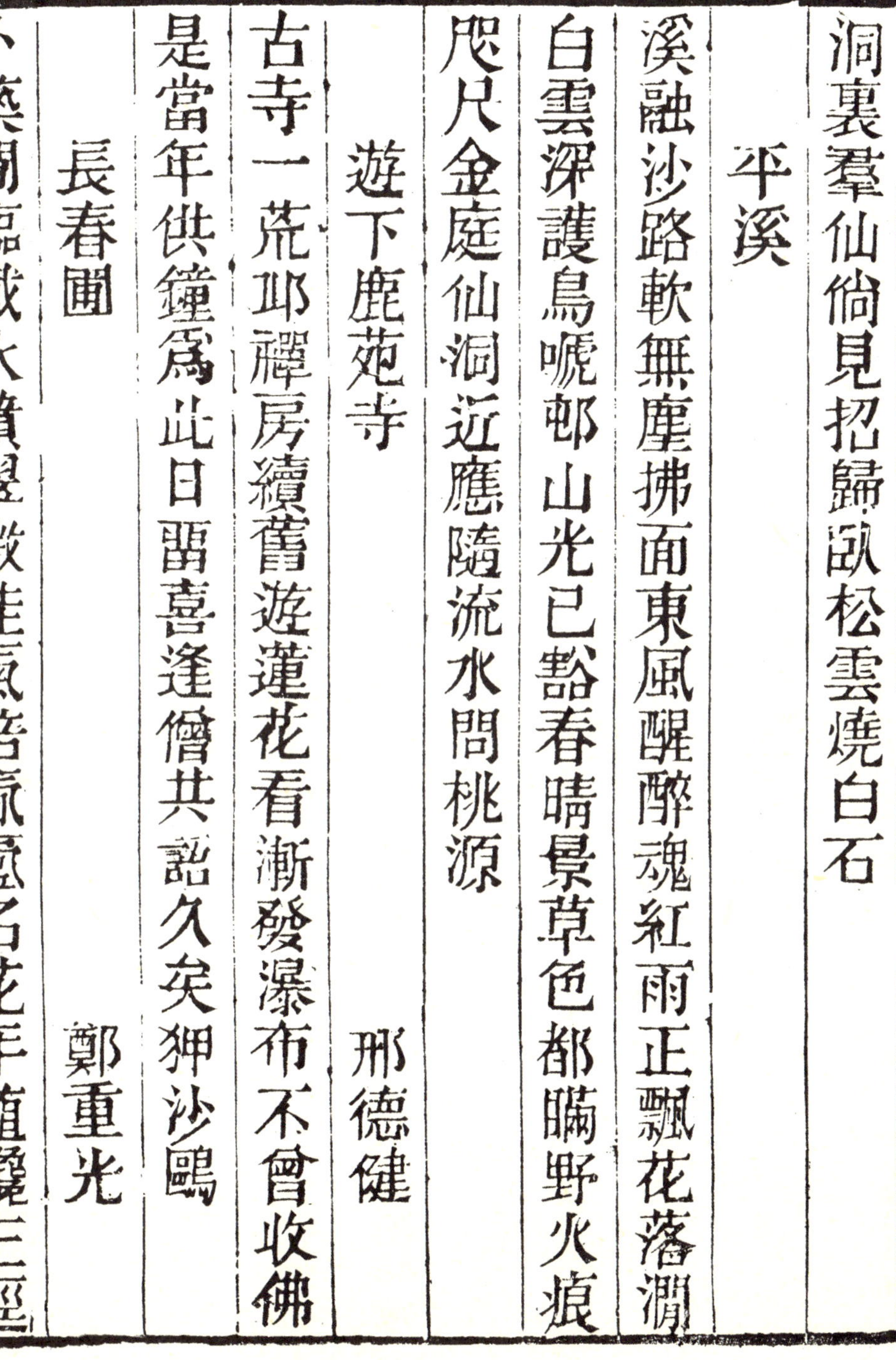

洞裏羣仙倘見招歸臥松雲燒白石

平溪

溪融沙路軟無塵拂面東風醒醉魂紅雨正飄花落澗白雲深護鳥唬邨山光已豁春晴景草色都瞞野火痕咫尺金庭仙洞近應隨流水問桃源

遊下鹿苑寺　邢德健

古寺一荒邨禪房續舊遊蓮花看漸發瀑布不曾收佛是當年供鐘爲此日留喜逢僧共話久矣狎沙鷗

長春圃　鄭重光

卜築開臨戴水濱翠微佳氣倍氤氳名花手植纔三逕

春意胸藏已十分洛社此時堪接武山靈何事更移文
桑間亦有閑閑者高雅誰能得似君

春歸明覺寺樓　周汝登

春日迢迢投古寺流鶯蛺蝶驚征騎颯颯行來步履聲
舊年黃葉堆空地葉底幽泉屈曲流青山面面入高樓
樓頭一片起烟霞樓外新開姊妹花可憐花好不長久
浮雲倏忽變蒼狗慷慨東風發浩歌斜陽玉笛千杯酒

尹如度長春圃

元亭自作楊雄草花徑何曾緣客掃北窗一枕傲羲皇
春去春來春不老

四山閣次萬明府韻

共登絕壁倚重城虛閣玲瓏見四明遶水帆歸江樹晚隔林鐘起寺雲晴葛衣翠幌松風入玉笛胡床海月生今夜庾樓須盡醉更深閭巷有歌聲

戴安道宅

星子峯前草滿坡醉餘乘興復經過山通曲徑邨烟古水落寒潭樹影多歌鼓城中喧落日鷗鳧江上弄輕波戴公宅畔尋遺事惟有枯松掛薜蘿

山居自述

獨枕城隈自一家小堂初構只如蝸鹿門野老鋤荒徑

洛下先生過小車杯酒肯同消歲月盤飧惟有供烟霞醑連莫苛厭厭興松際光多月未斜

尊聖寺

偶逢樵客引勒馬過招提布地新沙擁環牆細竹齊堦前看虎步枕上聽猿嘯色色通明妙無言自啟迷

眞如寺

青山開北牖兄復寺堂淸鳥語出深翠僧衣曝晚晴觀魚成久坐數竹自閒行身世不知有何當更問名

資福寺

遶徑歸山寺都無鐘磬聲老童猶帶髮荒殿不安名栢

蔭環池滿松根迸石生縱令禪誦少自覺意根清

九州山　錢思棠

一望中原盡此巔淋漓杯酹午風前白雲已慢歸時路不識身居第幾天

艇湖

雪夜懷人思不禁西風一夜發山陰縱然興盡情何盡千載難酬欲見心

遊靈巖　喻安性

躡登絕壁俯羣峰縱目烟霞到處收奇石鑿開青洞府飛巖倒挂碧雲頭山花有意迎仙屐郁酒無錢負勝遊

且傍潺湲弄輕靄主人邀我賦高樓

文星亭

更陟崔嵬處羣山此獨豪三垣羅地局一柱倚天高夜靜河斜注秋深木怒號勞君頻指點王謝舊弓力

文星臺

是誰疊石作雲梯百尺高臺聳大堤水湧白虹驚欲往山圍蒼玉望全低幾聲僧磬來煙郭數點漁燈散遠溪今夜臨風一長嘯不知身已與雲齊

登星子峯　丁彥伯

探幽登絕頂佇望與雲齊日落孤城小烟迷萬壑低樵

歸松下逕鹿過澗邊蹊恍出天人界孤高未可栖

石鼓山　周孕□

探奇來石鼓疊翠覆青蘿隙受天光少空容樹色多千尋誰濬斲一刻暫偷過望望靈鷲遠松中起浩歌

臥龍山懷友　吴應芳

山骨何稜稜藉兹奇石礪道力果堅强日結幽棲契此山本荆莽一朝增體勢譬彼懶梳娥爲之挽髻帨時節相因緣不爾竟埋瘞昔年忝攀陟物物窮其際眼豁片石寛一泓輒思揭猶記梵磬聲間雜潺湲細惜哉喆人退遺文鶴引唳胡爲不自達苕被塵鞅繫松篁拂地垂

擬再牽余袂

翠寒亭　周光臨

古木參差翠作團窗虛影合碧聲寒僧來說偈天無暑
客到題詩壁未乾竹影低垂橫講席松花細落點棋盤
晝長讀罷無餘事閒聽鶯啼倚曲闌

三懸潭　王三台

三潭懸絕險丹壁聳危臺古洞龍常臥深山雲不開淩
空奔白浪墮峽吼狂雷片石浮千頃飛身照膽來

畫圖山

休巒秀削俯溪流勝境天教恣覽遊日暮烟寒看不盡

扁舟載月宿溪頭

夏烈婦哀詞　王國楨

鹿苑之山高且峩，鹿苑之水怒以烈。淒風白日亂荒烟，下有烈婦操如雪。嗚呼烈婦遭不辰，雙丸忽跳世胥淪。綠林白莽干戈起，撲面颯颯飛妖塵。妖塵到處鬼神號，獨有金閨持玉節。頭可斷兮骨可碎，志不渝兮身不湼。穿喉折股面猶生，血香濺處草木馨。襁褓殷殷女在手，甯爲同死化日星。噫嘻節義人之性，秉彝在我綱常正。聞有丞新譚烈婦，雙磚血漬孤心映。⿰山專嶠清風來王氏，攟身萬伋拌一死。題詩石壁血常新，後先一樣炳青史。

我仰芳蹤悲轉劇舉眼便覺日無色多少士女血模糊
空樹西風泣反側嗚呼烈婦今不死共見貞心貫金石
鹿苑山高水復長松柏年年鬱寒碧

艇湖行　金之聲

朝從剡中事夕復剡中行艤過眠鷗起江空落月明山
雲歸舊閣漁火冷殘更王子回舟處蒼茫千古情

平溪　盧鳴玉

溪小鸕鷀促驚魚走石汀廟留秦代物水志晉時名蒼
塵揮檐樹濤言轉鶴聲流雲與駐馬一片古人情

過港坑

昔年懷澗槃今夕澗邊宿水瀨襯石蒲雲幞眂巖庇卿
爲寄棘鷚仰看摩天鵠古道豈殊尤於義稱止足

葛仙翁壇

輕浮短棹入溪光石瀨盤紆輿與長野杵亂舂新黍熟
葛巾初灑晚秔香霞封古洞仙翁竈月近高樓處士床
未許入山能久住願隨沙鳥共相將

艇湖　王國楨

空山木落暮烟收買得扁舟恣覽游一棹西風杯在手
半江殘雪月當頭懷人夢輒尋梅寄報客郵翻教鶴留
晚興到今吟不盡湖光雲影共悠悠

百丈潭

纔到秋來天地明嵊山山下水渟泓虹光不逐湍流瀉
劍氣常隨逆浪生忽放榜歌寄嶺去驚看松影逐波橫
澄潭一碧鬚眉見不死人心憶令聲

事斯堂和文明府　國朝徐一鳴

天地何日始惟人開象先衆彙羅羣峯一靈俯其巓末
學務卮辭詹詹徒刻鵠同歸復殊途懸河競一偏眞儒
窺性藏乃至忘言詮心同理亦得萬月總一川此是象
山諦千古炳眞傳大江西復西一派姚江連宗風仰高
足遺文景前賢哲人今已萎法堂草芊芊君行凛桓騶

下車卻金轎博詢首絕學鈴鐸四喧闐若心復有知不應事室拳若知復外心道法匪自然海水茫茫沸日輪晝夜懸水若不在海日應不在天大悟發羣疑了解息衆喧浮雲點夕阿微風起清漣雲收天亦出山花爭芳妍自性本無物俗眼若自纏我亦乘風立冷然欲登仙因知成妙契個中得其元誰知誰不知癡人還相憐三更月出東方曠會得元明處處圓

臥龍山了眞洞

衆喧誰大寤獨照見吾天堅淨蓮花筏輕浮莢子錢松垂雲到塢花滙石醞泉個是眞消息從君共解顏

石門山石門洞　　王國藩

撥破雲煙空洞懸巨靈巧斲是何年金波漏彩長流月玉宇支空別戴天匝地瑤林氛杳靄潑屋碧澗水潺湲丹房春冷難成夢欲把塵心問偓佺

遁山

扶笻閒殺看歸雲待得雲歸不贈人倘慕甘霖仍出岫北山早已賦移文

福山寺

修篁曲澗護禪關掃徑依然苔蘚斑犬吠一聲秋月靜天花落盡瀑聲潺

遊金庭觀　王國維

信屐金庭路林寒值暮冬香爐雲篆靄石鼓雪函封鶴跨思遐舉笙吹憶古蹤徘徊誰共語赤水有潛龍

悠然軒　王心一

終日對南山悠然心自閒花隨流水去鳥共白雲還竹蔭移幽徑松濤度遠灣鶯啼清夢覺無客叩柴關

超化寺　吳光廷

北郭山臺古浮圖蒼蘚封雲連象鼻岫烟鎖鹿胎峯曲徑千竿竹深林萬樹松花陰曹拂塵梵響雜疏鐘鶴唳懷支遁鸝歌憶戴顒琴莊餘逸韻神駿徹禪宗流憩渾

忘倦憑將制毒龍

明心寺　　袁尚衷

禪房纔七月山色已三秋日淡芙蓉冷雲寒荔薜幽深池開石鏡老樹卧松虬不識風聲裏梧桐葉墜不

三懸潭

策杖穿雲嶺攀蘿入洞天瀑高虹百尺潭徹鏡三懸石冷苔生雨松幽鶴唳烟神龍時好靜也擇淵阿眠

夜雨泊嶀浦

一天細雨泊嶀橋坐對蓬窗夜寂寥雲接浮嵐江黯黯風翻落葉岸蕭蕭漁舟燈影來寒渡山院鐘音送晚潮

鄉夢不成秋思遠數聲寒雁旅魂消

白雲洞

仙人騎鶴去古像遺祠柏無地覓吹笙雲封洞口白

望台晚磬　高克藩

日落剡江暮僧歸竹院門不盡雲堂磬隨風到遠郵

藏岸晨燈

旅客不眈眠江上晨燈亂出門急喚船回言夜未半

鹿胎夕照

鹿胎草木疏望見人影小夕照入空林雲歸亂飛鳥

郊行　錢華鼎

趁曉尋幽去行行露未稀雨餘山較秀春老草初肥新綠延樵徑紛紅落釣磯風光如畫裏小憩欲忘歸

望畫圖山　商元柏

烟雨空濛望欲無懸崖倒影映澄湖篙師指點前山路一棹分明入畫圖

嵊署雜述十首　錄一

地絕山川秀驅開風日清容心隨野馬山色媚流鶯葵葉裁成扇溪魚膾作羹無端爲幽興又作剡溪行

浦口晚泊　商元東

夜靜山月高湖水明如鏡孤蓬入翠煙住久波始定遠

樹隱招提白雲度清磬何處滄浪歌泠泠四山應

耕菴　李茂先

天地一頑塊藉茲人力措裁成有匠心光彩洗復露不爾竟荒莽高厚將無誤四明兀且癡巒岫紛相互衆山皆雲礽千百堪吞吐中有羣龍居呼吸分寒燠噴沫瀦爲虹雨山夾而澍倚岸有蠶叢蝘蜓聊爲路此外環峭壁危蹊不可步失足分寸間身隳那及顧山靈使之然空向焉夷訴問君胡爲來寶藏興焉爲故兒復結廬者班坐而待餔飛則非鷗鷺躍則非狐兎行人轍若鮒股栗心還怖老衲憫衆生暝眼出幽悟自判瘦筋骸爲山朋

迷渡積薪置石根縱火燔其錮烈焰少頹時輒復沃以醋旋將椎鑿加去之如切腐更揮斧斤手芟草仍柞樹一綫嶔崟場忽焉坦如鋪昔險今方彝山適逢其數乃信事無難成敗憑心素昔也不周傾煉石眢老媼王屋興太行愚公移以茲是皆手足功智巧非天付策鶩振康莊子亦砭沈痼

資福寺聽松

招提頻印屐多半愛松聲風捲濤無迹琴彈曲有名方從窗外過旋向枕邊生一榻分禪室心閒夢亦清

漁郵漫興

天山占得第三爻翠竹青松訂漆膠高韻特從君子節
清風還瀉大夫梢柴門欵客驚雞犬社酒隨人賽虎貓
乘興何妨歌一曲無心閒步出東郊
家山遥望暮雲多萱草堂邊安樂窩隴右終須歸太白
少陵原不戀岷峩久疎酬應門羅雀小試經營帖換鵞
從此還添借書債牙籤堆案慰蹉跎
少年蹤跡半沈浮可是娉婷待蹇修將種雖甘歸馬革
客星偏悔着羊裘梅因有核酸仍在蓮到無心苦始休
失笑塵緣除不盡草堂昨夜夢封侯
剡溪接應近山陰萬壑千巖愜素心倘許精靈隨翠管

何須鬼物變黃金烟霞圖畫誰烘染造物才華自古今
冷韻不磨仙骨健還思跨鶴更攜琴

望皷秀山　魯巽鴻

屢欲攜筇卻步艱憑欄日日對螺鬟嵐光有意釀雲出
樹色無端招鳥還春雨樓臺烟樹裏夕陽鐘磬翠微間
夜深竹塢蕭蕭月爲我移來一角山

放生池　陳錫圭

庖犧結網後鱗族無可逃不期魚樂國乃在剡西濠潛
躍適情性上下隨波濤究之咫尺水焉若龍門高

晚泊江邨　張華

茅舍深深竹掩門四圍新綠長苔痕艤舟隔岸聞雞語
幾樹桃花是一邨

清風嶺烈婦祠　　吳師瑗

慷慨從容事兩難血詩題罷赴江湍赤城霞起神長往
楓路花紅淚未乾殲賊威靈森草木報君名節愧衣冠
嶺頭留得冰霜在六月無風亦自寒

雨後望太白諸峯　　商盤

晚望太白山心與翠微遠新沐露烟鬟藍鬖不堪綰道
書稱福地中有雙鹿苑廣信既登眞稚川不復返瀑挂
玉虹亭草沒太平館懷古意蕭疏茲游安可緩山靈遙

相招報書愧炎琬

放舟仙巖嶀浦間即景成詠

嶀浦如靜女仙巖似羽流青蒼杳無際一氣安可收我本林壑身坐此書畫舟相賞在物外貌遺神乃留惠風淡以遠景色同高秋牧笛弄初晴樵歌出古邱繞崖百丈潭其下多潛虬未堪靈犀照何用寶玦投朱霞千萬縷返照入林幽扣舷發清吟獨唱無人酬

題響意剡溪秋泛圖

是李白非宋石是蘇軾非赤壁何時寫此尺幅圖好山好水絕代無賞花香細秋容淺吳縠如冰不堪翦銅斗

蕭蕭起暮寒七十二屏向空展晚霞染出紅楓樹曾是當年泊舟處一曲清波值萬金全家羅織生烟霧我今竊祿燕京城朱顏欲凋白髮生子猷安道兩寂寞此事原不關公卿吾第歸耕不須卜菅茆且縛三間屋君不見鳳凰竹實無處尋野田黃雀爭餘粟

自題剡溪秋泛圖　商書

山人無俗尙雅志惟薜蘿況生山水鄉面面明修蛾昔年游歷處剡水清於羅自來京國遠夢斷清江波潛魚樂深淵棲鳥戀故柯濯纓豈不願回棹情亦多涼秋吹白紵皓月舒清歌誰將謝公屐訪我東山阿

送鄭布衣南歸　　吳炳忠

戲具隨身木一竿吹簫擊筑有悲歡原非劇孟田疇侶
漫作林逋魏野看見我何妨露肝膽逢君不必諱飢寒
拂衣歸隱年猶盛且向清漣賦伐檀

擬戴安道雪後遺書王子猷約重泛剡溪　　葉方菼

寒溪幙同雲風起吹還碎霽雪良復佳空山誰與對新
暘射朝暾白月澄霄瀣遙看爽氣橫笑指此君在聞子
昨來遊乘興了無礙有意聽彈琴何必不見戴

曉登嶀山　　王燕春

嶀山名勝地登陟興非凡撥草尋幽徑披襟倚古杉天空遲落日岸曲急飛帆縱目渾無礙歸雲斂黛巖

遊石屋禪林四明山道中作　葉封唐

高山結靈妙造物爲巧匠白雲引幽路路轉出雲上回瞻徑九鎖前進更疊嶂奇峯銳於錐幽谷深如盎崖交澗曲轉亭出巖退讓錯落苔蘚重嵌空洞穴亮龍潭貯天影水碧如春釀僧寮忽隱現吾頭頻俯仰力疲興尚豪地窄心逾廣懸想出山時林巒已背向一一目送迎定復成新樣

大水

帝命驅海海欲飛神龍嘘氣天低圍雷公怒擊天門鼓
電光閃爍助厥威狂風吹山蛟啟蟄夜半忽乘雷雨出
陡地摧折山頭樹劈空裂破崖間石驚濤湧雪看如此
未知何事差可擬單于三軍逼漢關天山萬騎摩唐壘
馮夷踏浪立如人跋扈鯨魚掉其尾剡中人家水滿屋
釜內游魚波浪蹙昨日黃雲一片鋪正值郊原香稻熟
而今汩沒同芳杜水去天晴化作土田家傾淚助洪流
未必江神識此苦江邊邨落最堪憐廬舍飄如失纜船
幾家入口波濤死髑髏帶血沉深淵或留白髮一老父
或留總角一兒女傷心骨肉竟何在身雖幸存命如縷

爭言大水天之變百歲老翁亦未見酒酣我欲賦此詩寒瀆高低生鐵硯

宿石屋禪林

佛刹嵌山坳三面峯陡絶左如馬首昂右似駝峯突背負白額虎踞爪堅削鐵一面獨凌虛天光補山闕樓前台雙澗澗邊插萬笏石屋逕生雲石泉白疑月峽訝巨靈分書或龍威竊騰身千仞上路曲刀環折山門逼天門語笑聲能徹燭上羣動息斜光漏深樾不知風聲猛謂是千崖裂清禪合幽興擁被猶細說

剡西道中

水田千頃外一馬踏靑蕪林樹時來去人家忽有無花光圍佛寺山色帶樵夫俯仰懷安道溪流下艇湖

上金波山

白雲如有意陪我此山行苔徑明斜照茆簷帶嫩晴寺深惟竹色風至忽松聲夙與林泉契何因有世情

遊獨秀山

散盡流霞聳碧空梵王宮殿翠千重石寒苔護偏旁畫僧定風傳縹緲鐘洞口落花三月雨山腰啼鳥一株松右軍已往今誰吊墨沼鵞池没舊蹤

次韻顧伴繁遊明心寺　吳啟虬

春鳴隱蘭若花蹊傍竹開禪關緣客啓好鳥喚人來生意悟新柳清心逗早梅憐余隔塵俗未得共追陪

同朱梓廬師遊白龍潭　史載筆

剡溪之南南明北別開天地攢怪石有美人兮薄言遊折簡陋巷招幽客踰岡陟嶺度清溪十里黄花炫秋色始至已非人間世漸進佳境窮足力爵禽空山時一聲綠篠含烟風戛擊忽聞清磬度翠微煩襟塵顔都洗滌剡之山川入畫圖似兹佳境費刻畫按諸圖經并地志胡謂聲聞偏寂寂徒使湮沒荆榛間不許齊稱東西白豈其千古終南山尚須表章昌黎伯豈其嶺南諸幽勝

直待柳州齎筆墨我聞屠釣有名流老死巖扃終窮阨
誰知山川亦爾爾此道古今同惋惜

遊金庭觀集唐　薛贊化

金庭路指剡川隈羅隱　萬木清陰向日開靈一　自哂
鄙夫多野性錢起　獨尋春色上高臺薛逢　檐前施
食來飛鳥廣宣　石上題詩掃綠苔白居易　全覺此身離
俗境皎然　白雲歸去幾徘徊貫休

星峯晚眺　王永春

憑高閒望暮晴天不盡風光到眼前彪嶠草荒餘夕照
艇湖波靜起寒煙興來幾度尋佳境醉後那堪憶少年

紅葉紛飛秋易老登山臨水轉悽然

雨後自倪家渡放筏還城　　馬林

雲歸雨斷日初開獨下晴溪放筏回流水不停山亦走四圍新翠逼人來

一江春色鬬晴開斷續殘紅逐浪回水鳥何心偏狎客平沙飛過柳陰來

贈翰月上人　　吳金聲

去歲風雪中脫屩從幽探贊公極避俗未許酬清談今年一相見骨冷鬚亦毿蕭然絕塵相孤鶴飛雲嵐童子出延客進退亦所諳況師清淨心皎然月映潭內食不

足誇蔬筍醋餘甘山中風月佳吾亦歎虞曇

別周明府鎬

義馭忽不留雪鴻無定跡落日滿長江西風送行客城南一杯酒千里雲山隔雲山隨去舟屈曲浪花白憶侯初下車相覿期甚迫清風滿襟袖古道見顏色示我琳琅音文章邁李益洪濤瀚海翻太華巨靈擘乃愧瓦礫姿空藏宋人石邯鄲方一夢星霜忽三易竟奪我侯去使我心不懌禾黍滿舊疆父老歌召伯　天語表循良攀轅究無策安得時往來飛飛見雙舄

閏六月初四日大水

方憂晴作祟倏爾雨爲災颶母空中見楓人海上來浪疑將岸去山似擁潮回一望黿鼉窟何時百室開

民乃國之本何堪遭此災亂流風約住怪物雨催來海道干灣隔江聲一夕回禹功胥未畢重把了溪開

登四明第一樓

剡中名山稱四明矗天峭立誰抗衡細徑犖确澗道逼古木盤錯莓蘚生藤纏草蔓人迹少虺蛇毒螫豕鹿橫老僧恒傳此卓錫巖下趺坐靜不驚瞑目忍饑幾寒暑霜夜瑟瑟寒魚鳴岐山居士有道者慨慷解囊初經營架楹疊石施紺碧窮谷轉眼成雕甍中有一樓最高敞

坐眺落日懸銅鉦天青霞頳衆峯出一一俯首如角崩
我來樓上偶憑倚山風吹暑留餘清樓中懸額居士筆
鍾張羲獻同崢嶸須臾僧厨進蔬食胡麻煮飯羹蔓菁
坐久月上卧禪榻五更寐覺聞鯨聲曉起開窗雲入室
但覺身在雲中行

暮秋登星子峯

星峯城北路秋晚一登臨雲物多遷變江山自古今違
風吹落葉嘑鳥動歸心嶺下人家近天寒響暮砧

臘月偕友人至明心寺遇雨歸　張基臺

探幽破清曉雨在西南峯忽然雲滃谷不見寺外松殘

梅落點點澀磵鳴淙淙天影互明晦山氣雜春冬一友
發高興不顧霑溟濛欃幘繫筍鞵予所欣相從彳亍二
三里危磴下幾重回望來處山但聞雲裏鐘

四明石屋

鳥道千盤上登天似有門巖扉斜架屋磵樹倒生根拂
石看猨挂穿林駭虎蹲遇僧聊借榻明發再窮源

過白峯嶺　　施燮

松杉接翠到尖峯合沓羣山鎖百重那得夸娥山盡徙
家山不被白雲封

許城旅邸過五峯周少府　　陳文緯

廿年宦海各風塵旅舍重逢柳色春遊盡天涯少知己
况君更是故鄉人

塔影樓　錢曰青

雁塔空中飛忽向池心峙層樓俯澄波倒影乃相似詰
朝卻西斜薄暮又東靡樓塔兩難分回風蕩中沚此景
靜者參闌干獨徙倚

遊定心禪院　柴際春

我比淵明放攜鐏慧遠前此間堪避暑相對且談禪密
竹仍畱徑閒雲自在天覓心不可得心定更何年

三懸潭　呂夢陽

天姥山高與天齊粤惟仙靈之所棲駿馬騰驤幾千重

一支分出剡之西就中湧起雙巖岫矻如青螺覆如鬟

天邊夾瀉瀑布飛晴雷夏雪常昏晝下有龍湫深淵淵

兩維璧合三珠聯淨無沙石不見底迴風旋浪生紫煙

訝是波智國中三池爾何日移來今在此上池龍王中

龍婦下池盤攫戲龍子長歌告龍對清泉勿用駕雲飛

上天方今五風十雨遨天眷正好抱珠湫底眠

月夜泛剡溪　邢樹

東南山水區剡中稱最樂白石走清湍飛流挂絶崿衆

脈滙大溪練影空中落長橋激箭飛古岸寒藤絡夕陽

倏西沉夜靜波澄璧喜見明月來皎然天宇廓高帆張綠蘿圓靈冰鏡灼蒼烟隨棹生幽草如繡錯嶼江鴻鵠翔佩嶺猿玃躍上下天水連左右畫圖若飄飄風景幽朗朗胸襟拓頗似登瀛洲興發杯自酌當風醉亦醒扣舷歌聲作千載繼子猷乘興時夜泊

戴逵宅　　邢烱

剡中高士宅乘興復來尋溪雪無行艇山泉有斷琴階除蒼蘚蝕風雨落花深若使嘉賓在應懷改造心

遊三懸潭　　錢豫豐

剡中名勝茲景古所選峽峭嵌嵓潭水鏡懸三面仰

覩天蒼蒼石竇開一綫恍若巨靈劈又如媧皇鍊瀑布
空中懸隨風散雪霰聲裂千歲松色晃百尺練下有神
龍蟠遁覩目屢眩蕭蕭六月寒輕袷難久戀興盡憩禪
林鐘聲起佛殿

鹿門山莊

春山石礀挂虹霓古樹青蔥瓦屋低半畝方塘斜日外
幾窠野菜小橋西瘦藤絡壁藏松鼠濃蔭橫窗叫竹雞
咫尺墓門還入望白楊幾樹影萋萋

戴逵宅　　喻道鈞

精整誇官舍新居剡水灣烟霞諸嶺秀天地一身閒月

影移簾外琴聲出樹間如何來訪者空載雪花還

戴仲若聽鸝處　魏敦廉

柑酒聽鸝處高風説剡濱花飛三月雨鳥喚六朝人古驛有時廢空山猶自春低徊殘碣下欲去復逡巡

烏雛篇　王景程

庭前有佳樹郁郁枝葉好烏鳥攜雛來啞啞哺其杪雛飽烏忍饑雛長烏已老烏老不能飛雛出啄香稻啣歸飼其母奉養知及早人生襁褓中疴癢嗟未曉父母苦護持神瘁容顏槁少壯營名利驅車就遠道送子淚不垂深恐亂懷抱倚閭望行塵隱憂內如擣風雨白髮新

山川夢魂遶百歲能幾時來日已若少富貴本在天世途空擾擾有親不能養乃復增懊惱嗟哉七尺軀問心不如鳥

雨後見月舟次仙巖

微雨過江頭漸覺新涼度推篷忽見月淡淡輕雲護俯仰一水間波平興與往長林窈以深渚明微有路縈纜仙巖陰驚飛雨白鷺郁犬吠人聲狺狺隔烟樹

城樓秋望

微雨城頭歇危樓寄遠情嵐光含夕霽人語雜秋聲天際片帆落雲邊殘照明小山叢桂發風過送芳馨

到清隱寺作

家居性不適欵步入晴灣深樹烟中寺斜陽雨後山稻畦新水漫松徑片雲還便欲歌招隱禪房試掩關

登溪山第一樓獨酌

登臨無限興樓上一開樽城絡青山背溪流紅樹根晴嵐冷秋色曠野淡烟痕雲際片帆下舟來何處邨

瓜渚秋歸　施彰

一路接秋芳溪橋窄更長日暄烏桕白霜逼綠橙黃菜甲肥朝雨蟲聲咽晚涼平沙明月滿花發野蕎香

剡溪舟中　馬紹光

一帶波流碧，舟行圖畫開。山迴孤艇去，水抱別邨來。古廟清風冷，前邨夜雪堆。掛帆隨處過，勝蹟幾徘徊。

愛坑嶺　唐晉三

步入巑岏境，尋幽到嶺西。徑開紅葉路，溪帶白沙堤。日腳隨山轉，雲頭壓戶低。卻看邨落近，茆舍忽鳴雞。

同陳子遊五龍寺過雷嶺觀龍潭　吳仁葆

昨夜說龍潭，壯志思一逞。淩晨杖策遊，詎畏風露冷。便道謁龍神，先過招提境。山水拓奇懷，竹木涵虛省。叢林日欲暝，禪宇畫方永。寺僧供午餐，飯後度雷嶺。鑿險比龍門，躡空追雁影。峯高迴入雲，澗窈難垂綆。鹿鋌魂已飛猱升心屢驚兩手攬幽篁側足緣荒梗匍地暫凝眸倚巖偷引領攀附若登天顛越如投皿尋幽誰復知出險猶爲幸强步向前移崒嵂雙峯併伏竇水奔騰懸崖勢嚴整穿巖注作渦觸石旋成井云此神龍居歲旱常禱請時或風雨狂響若波濤打即今乾涸時噌吰聲不靜若使乘雲雷天路任馳騁俯視混鴻濛跳擲嗤蛙黽聞言壯我神怯懦一時屏顧盼有餘姿腰健力復猛日暮尋途歸登頓窮俄頃臥恐夢未安坐久心猶怲回思攀躋危胸次如遭鯁

嶀浦

剡邑據形勢嵎山壯北門溪流穿洞底水氣溼雲根巖陡潮歸浦峯迴綠抱郵長官祠下窟時復見靈龍

茹古軒偶作　鄭心水

蟋蟀壁間鳴如與幽人語庭樹漸蕭疏涼風吹何許清影落雁鴻急響傳砧杵流螢耿微光團扇捐殘暑相彼芙蓉花清香凝淺渚蘿徑閴無人抱琴空延佇

自嵊泛舟至郡　錢鎔

風掀巨石裂山竹雷逐脩蛇竄釣砠奇景忽從驚裏得篙師偏要掩篷窗

桃源觀

想見桃花舊日栽剡溪地本接天台阿儂自愛山川好
不爲劉郎採藥來

鹿苑山紀遊

小白去家十里餘呼朋選勝苦無便案頭昨讀仲陵詩
淵月林花令人羡勃然游興不可當着屐去省白雲面
一路松花鋪峭崖四圍嵐翠浸幽院老僧欵客麥飯香
紫筍綠蔬開清讌天風引上葛洪祠木杪轉出綠一線
咫尺峯巒向背殊片時山氣陰晴變危巖高壓丹井低
琮琮琤琤水聲濺白猿覷人赤玃號錦雞吐綬肉光絢
平生閉戶鮮大觀到此已覺心目眩小憩更進作蠏行

氣豪路險性命賤吹帽時逢風力遒沿溪軟覆藤陰遍多年丹竈已沉埋滿地藥苗時隱見石筍對立作天闕過此或與仙人見俗駕惜被山靈憎亂雨打頭急如箭遺丹無從覓九華冷雲空教咽一片行行重尋蘭若來倚檻稍蘇筋骨倦轉眼天光又放晴夕陽斜下紅郊甸火速去看第二泉歸途尚訝雷聲驟

舟行嵊浦　錢瑞棠

路入嵊江路轉幽嵊江風景在行舟翠横雲截懸崖樹紅淡烟迷古佛樓亦有漁歌來浦口惜無明月到船頭山禽水鳥交嘑處一片輕帆過蓼洲

春暮偕友人遊白雲山寺　　魏蘭汀

空山闃無人一磬冷然響寒雲溼不飛澗水流泱泱路轉入翠微殿宇更幽敞山僧出揖客矍鑠攜藤杖茶煙撩鬢絲禪榻恣偃仰坐中淸風來花落大如掌與盡方下山極目空萬象歸禽沿路嘑似送遊人往回首暮煙凝前峯月已上

夜宿白雲山寺

夜色杳無邊秋高氣肅然萬山紛落木孤月皓當天風急鳥鳴樹燈昏蝠舞煙倦依白雲臥枕畔響流泉

閨秀

公孫夫人贊　　晉鈕滔母孫氏

資三靈之醇懿誕華宗之澄粹奇郎兆於齠齔四教成於弱笄葱恩温恭行有秋霜之潔祇心制節性同青春之和敦悅憲章動遵規禮居室則道齊師氏育行則德配女儀禮服有盈籩豆無缺贊曰

猗歟夫人天資特挺行高冰潔操與霜整性揚蘭芳德表玉軫猗彼瓊林奇翰有集展彼淑媛令德來緝動與禮游靜以義立

題青楓嶺　宋　王烈婦

君王不見妾當災，棄女拋兒逐馬來。夫面不知何日見，妾身料得幾時回。兩行怨淚頻偷滴，一對愁眉怎得開。回首故山看漸遠，存亡兩字苦哀哉。

嚙指題石壁　元　胡妙端

弱質空懷漆室憂，搜山千騎入深幽。旌旗影亂天同慘，鼙鼓聲淫鬼亦愁。父母劬勞何日報，夫妻恩愛此時休。九泉有路還歸去，那箇雲邊是越州。

絕命詩　明　史閨英

生來偏得貌如花，異地分栽各手差。今日殞身何自苦

難云矢志爲誰家
總緣憐我選東床一樣關情適兩妨獨恨劬勞曾莫報
無悲玉碎過心傷

水面落花　國朝　丁氏周尚化妻

飄零且莫怨東風薄命能消幾日紅洗盡浮華香在骨
肯隨飛絮墮泥中

普恩塘　周幽貞

十里瑤姥山蛾眉橫一帶籃輿隨慈親沿緣湖奔瀨仰
瞻象教力適集龍華會添香脩微忱散步衝林靄忽覩
明聖湖重遊得意外波浮山翠多影落青天大虛明識

性體清淨悟佛最轉覺銷金鍋翻被管弦累詩成聞午
鐘竹柏答天籟

古柏堂偶成

家君作宰處古柏蔭深堂翠滴琴書綠香籠簾幕芳吟
慚謝庭絮愛比召南棠擬摘青蔥葉年年上壽觴

清風嶺弔王烈婦

波連孝水暗潮通片石長留宋祚終天地有情完死節
溪山無愧號清風海陵露祝孤軍淚柴市豪吟百鍊忠
一代存亡共憑弔鴉嗁祠樹夕陽紅

戲題易安齋

荆釵椎髻恰相宜矮矮泥牆短短籬只是遠山遮不得朝朝鏡裏鬭蛾眉

小雨空階草色新板門久掩寂無人却憐梁上呢喃燕分得新雛與隔鄰

美女篇　　商景徽

美女東城隅紅顔華灼灼垂垂十二鬟一一飛金雀初日照樓臺春遊出宛洛采桑攀遠揚搴芳將叢薄行路何遲遲中心諒有託不知誰家子白馬黄金絡强言立道旁翩然紛酬酢本非淇上姝甯踐桑中約家無薄倖兒白頭負前諾贈妾雙明珠還君抵飛鵲日暮行歸來

空閨守寂寞

子夜四時歌

蠟燭照空幃，春宵難達曙。袷衣不着綿，預識中無絮。

弄水恐濺裳，采蓮畏傷手。花歛半面妝，願得花間藕。

栖鳥夜不眠，肅肅翻金井。五更霜月昏，不見雙桐影。

五彩織薰籠，爐灰皎如雪。不棄炙殘香，爲愛心中熱。

子夜四時歌　商采

羅帳碧如煙，空林抱枕眠。春風弄楊柳，正在緑窗前。借問遠遊子，今行何處邊。

南風五月起，荷花滿鏡中。輕粉不收翠，羞面自然紅。新

失鴛鴦伴回般笑阿儂

秋月白如練明河移向西夜烏棲不定飛上鳳城嗁回文纔織就愁殺竇家妻

寒風吹朔雪白壁滿天山年少輕離别長征在玉關誰將金錯去鏤取兩刀環

落花詩

走馬迴塘細草齊有情常自逐春蹄且教天上看成雪敢怨人間踏作泥紅板數條郵徑杳青烟一片酒旗低紛紛蜂蝶還無數翠閣珠樓路已迷

共道韶華上已佳一生辜負踏青鞋四垂忽見雲如幕

千八何妨酒似淮人號可憐偏日暮月如無恨自天涯金鶯百囀含情甚不爲春光善遣排

附女冠詩

送閻十六赴剡　李冶

深水閶門外孤舟日復西雅情遍芳草無處不萋萋妾夢遊吳苑君行到剡溪歸來重相訪莫學阮郎迷

寄朱放

望水試登山山高湖又闊相思無曉夕相對經年月鬱鬱山木青綿綿野花發別後無限情相逢一時說

題長樂之關帝廟壁　乞婦

此番來剡意如何祇爲年荒受折磨踏破繡鞋埋草徑
吹殘蓬鬢任風波沿門乞食推恩少仰面求人抱愧多
日日欲歸歸未得夕陽時節淚滂沱

方外

寄竺道一　　晉　白道猷

連峯數十里脩嶺帶平津茅茨隱不見雞鳴知有人閒步踐其徑處處見遺薪始知百世下猶是上皇民開此無事蹟以待竦俗賓長嘯自林際歸此保天眞

送僧之剡溪　　唐　皎然

雲泉誰不賞獨見爾情高投宿輕龍窟臨流笑鷺濤折荷爲片席灑水淨方袍剡路逢禪侶多應向我曹

山居示靈澈上人

清明路出山初暖行踏春蕪看茗歸乍削柳枝聊代札

時窺雲影學裁衣身閒始覺隳名是心了方知苦行非
物外寂中誰似我春風草色共忘機

題湖上草堂

幽居不厭剡中山湖上千峯處處閒芳草白雲留我住
世人何事得相關

林公　靈一

支公信高遠久向山林住時將孫許遊豈以形骸遇幸
辭天子詔復覽名臣疏西晉尚虛無南朝久淪誤因談
老莊意乃盡逍遙趣誰爲竹林賢風流相比附

贈源澄

禪師來往翠微間萬壑千巖到剡山何時同上天台路
身與浮雲一處閒

下鹿苑寺　大宗

鹿苑重興梵宇寬天台羅漢逐雲端雨花石上成趺坐
瀑布泉邊悟水觀四壁無隣山鳥待深巖有洞老猿看
當時發嶺龍回去今日還歸護法壇

懷竺法深　栖白

荒齋增暑夢數夕罷冥搜南極高僧問西園獨鶴愁與
生黃竹晚吟斷碧雲秋共是忘機者何當臥沃洲

寄獨孤處士

林下别多年相逢事渺然扁舟浙水上輕策剡溪前攜
屐坐一作吟松月眠雲憶島仙巖花紅與白一作何期歸太白伴
我雪中船船一作禪

金庭觀　小白

羽客相留宿上方金庭風月冷如霜直饒人世三千歲
未抵仙家一夜長

寶積寺小雨　宋　文瑩

老木垂紺髮野花翻麴塵明霞送孤鶩僻路少雙鱗天
近易得雨洞深無早春山祇認來客曾是洞中眞

山居　彦强

老矣無能役巖分草草緣放渠蘇六尺消得屋三椽雪盡收茶早雲晴拾菌鮮有時臨近澗揎手弄潺湲

葛洪丹竈　清化

羽客昔曾此鑠液奪化工至今寒雲色挂樹復凝空

東白山猿嘯亭　仲畋

放意在雲表飄然更自由挂烟羣木冷嘯月一山秋晨清風裏淒淒碧澗頭三聲融妙聽行客若爲愁

遊西白山一禪師二禪師道場

勝境東西白高僧一二禪只知行道處不記住山年澗月平分照林花各自妍披雲尋舊址猶在絳峯邊

明心寺歸鴻閣

精舍傍脩嶺道心隨眼明山遺僧偃迹水作剡溪聲無雨竹亦潤有風松更淸上方眞可住不用觸歸情

送僧入三峯院　在清隱寺

上人瞿曇裔律身玉無瑕力究毘尼論汪汪海無涯振錫復何許三峯隱蒼霞堂上大道師靈芝發根芽相見演法施鼕鼕鼓聲撾上人招之遊勿憚歲月遐坐待霜露熟香風散天葩

菴居

無地卓錐生計難且空雙手到林閒猨隨碧水占明月

堅打白雲賒好山巖石室邊依草舍藤蘿低處著松關年來老去知何許合向人間占斷閒

懷剡川故居

烟光流轉太駸駸又見春山換綠陰蝴蝶夢中新歲病杜鵑聲裏故鄉心焦桐冷卻風三尺瘦竹拖來月一尋早晚棹頭歸小隱誅茅千嶂白雲深

斷雲流水古巖隈憶得柴門半扇開雪打子猷船上過春隨靈運屐邊來逃禪野榻排芳草覓句寒厓掃綠苔容易三千拋絕去不勝唬月聽猨哀

病目飛蠅鬢雪乾欲扶吾道媿衰殘把他杓柄力何倦

還我鑊頭心便安待摘菜花添午供便裁荷葉備春寒不辭高臥煙霞裏枕上青山最好看

題東白山疏山軒

竹外泉聲急松心月色寒人間推曠絕只是倚欄杆

題西白山齊雲閣

山雲吹斷路頭開此處疑穿月脇來怪底行人看碧落笑談容易作風雷

雪作望剡溪

玉樓瓊樹曉烟披擁衲開門四望迷清曉世人誰似我雪中更對子猷溪

靜林寺古松

古松古松生古道枝不生葉皮生草行人不見樹栽時樹見行人幾回老

寄禮法師　　擇璘

寺枕蒼溟上門長掩寂寥定迴花漏斷講徹獸烟消入檻泉聲細當軒岳色遥何時重會席南望路迢迢

龍藏寺

扁舟一葉繫江湄岸笠風行到此遲弔古有心懷短李拂塵無力看豐碑擁門過客難投轄慕道居僧絶置錐相望吾廬如咫尺杖藜來往亦長羈

幽逵菴

得意幽深觸處眞何須邱壑密藏身爰茲殊勝圜林地
非彼等閑花木春白晝杜門人莫到清談絶俗世難親
紛紛鬧市繞山腳獨有此中無點塵

謝吳令惠越紙　善權

不用徵文吊剡藤紙成功用貴精深雁頭未足全彰美
魚網徒勞獨擅名贈我喜同青玉案報公慙乏碧雲情
道山何日鞭歸騎結札還應付長卿

題謝公橋　紹嵩

白雲深處小橋橫流水涓涓古意生多少升沈都不見

至今留得謝公名

剡中秋懷畫師　　惠崇

秋生剡江濱清氣日泱漭雲歸樹欲無潮落山疑長偶望還獨謠故人在遐想夕景孤嶼明暗蟲四壁響神會如自存安知路途廣

送僧歸龍藏寺　　宗鑑

雲去無心鳥倦還笠衝晚雪不嫌寒千巖萬壑知何處一片家山卻耐看

尋竹隱寺　　明　懷讓

聞鐘識寺遶小徑緣雲入日暮下山歸秋衣不知濕

俯山堂　越詠題作挾溪亭

香閣俯孤城登臨傲竹扃水流雙澗白烟散萬峯青華
雨迷蓮座松雲護石屏何當來借住重著息心銘

石鼓山十石　仲艮

人說雷門此地藏頑皮面面老風霜岜桐不用頻撾擊
自有清聲徹四方　石鼓

一方蒼玉挂巖扃色潤鏗鏘擊有聲因憶夢中曾聽處
月涼仙樂度蓬瀛　磬石

造化爐中鑄太阿四山爲匣鎖藤蘿倚天未遇英雄手
風雨年年爲洗磨　劍石

神匠鋑空截嶮巇，平分蒼碧綫痕微。春風幾度花猶藉，眼纈猶疑玉屑飛。鋸石

力挽千鈞勢有餘，性剛名不厠中書。圓錐自蘸銀河水，倒寫烟雲滿太虚。筆石

何年長劍劃貞珉，碧蘚重重護紫紋。但覺潤光濃潑墨，不知磨盡幾峯雲。硯石

層層苔髮長青柔，骨冷天應爲裹頭。絶頂西風吹不落，黄花知是幾番秋。帽石

方方峭壁立天涯，隔斷雲烟蔽月華。若使黄金開孔雀，定應千載屬豪家。屏石

方員自是法乾坤剛直猶堪擊佞臣誰謂山靈迴俗駕年來正待執圭人 笏石

誰斷雲根數仞堅珊瑚樣闊玉凹圓黃粱炊熟難成夢留與仙人蕙帳眠 枕石

晚歸蒼巖　國朝　淨地

巖路曾行熟歸笻趁晚風香含昨夜雨花發舊時紅蘚石鷲蹲豹鱗松老臥龍所嗟人異代對境思何窮

片雲巖

扶雲獨上雨花山幾度回眸怯步艱竹隱鳴禽聲細細巖懸瀑布響潺潺天花夜落千株靜蝶夢春回一榻閑

他日卜隣容我否傍崖縛屋兩三間

四顧坪菴

峭拔懸巖聳碧空昔年入定憶師翁那知幾代空山裏復見兒孫拜下風

剡溪夜發　如曉

剡溪秋夜月水靜一舟涼雁落汀蘆白魚翻渚荇香往衣裛露薄挂席引風長石嶂峯巑岏川迴路渺茫頻年違故國今日別他鄉悽斷蓬窗夢驚看野店霜傳歌誰鼓枻放棹欲鳴榔孰道江湖晚溪花幾度黃

石泉盟未了更作剡溪遊沙轉灘聲急山當水面浮郵

煙多護竹漁浦暫維舟苑昔春無恙桃花指渡頭

金庭觀　李太濬 以下道士

步步溪山轉幾重五雲深處儆琳宫峯巒秀擁神仙致
門逕清如世俗風晝靜棋聲深院裏月明琴弄夜堂中
丹成仙子無餘事祇待蟠桃信息通

金庭山　葉參

迢遞入間入路遥忽窺仙闕入塵囂事尋奇異披燕石
文載興崇是漢朝攻藝高樓無筆墨養鸞雲沼識芻蕘
英雄雖逐年華謝萬古英風冠碧霄

嵊縣志卷二十五終

嵊縣志卷二十六

雜志

有明韓邦靖作朝邑志世稱絕作其於風土人物諸大類外終以雜記　國朝欽定西域志亦以雜錄殿焉謏聞瑣節撮不類者類之良有裨於掌故也嵊雖褊邑其一切災祥占驗靈感恢奇諸事徵信則書理契疇範誕殊夸堅固足藉以鏡休咎燭幽元矣至於片石碎金歷刼不壞又若有神物護持焉顧忍聽湮沒於荒榛斷梗間耶傳不云乎識其小者而况所繫非小也爰攟摭

數端綴諸簡尾以俟後之蒐採者

祥異

明

正統二年丁巳孝嘉鄉王鈍家園產芝乾隆李志

嘉靖十三年甲午崇仁鄉裘臨年百歲道光李志

嘉靖三十二年癸丑北郊麥一莖三穗甘露降明倫堂前松樹乾隆李志下同

嘉靖三十五年丙辰甘露降縣庭柏樹尹氏庭礎產芝

萬歷十年壬午遊謝鄉粟一莖四穗

萬歷四十四年丙辰王氏正學堂側生芝高一丈類人形

崇禎十年丁丑大有年

國朝

康熙四十六年丁亥永富鄉張日起年百歲

乾隆元年丙辰大有年

乾隆二十年乙亥莫墺莊增生羅克繩年八十餘五世同堂

乾隆五十五年庚戌長樂莊錢奇俊年九十餘五世同堂又鄉賓錢引球年九十五世同堂李府志

嘉慶十五年庚午上楊莊楊望竣年九十八歲五世同堂　高山莊徐甯臣年八十八歲五世同堂道光李志下同

嘉慶十八年癸酉五十二都監生施祖超年八十八歲五世同堂

嘉慶二十一年丙子太平鄉東園莊劉光正之妻周氏年百歲新纂下同

嘉慶二十三年戊寅十七都晦溪莊單智勇年百歲同里單能英年亦百餘歲

道光十七年丁酉十七都唐溪莊監生唐廷葵年九十三歲五世同堂

道光二十七年丁未馬仁郵馬季常年逾八旬重遊泮宮

咸豐元年辛亥大有年桃源鄉尹家莊庠生尹大欽之妻張氏年百歲　羅松鄉沈郡庠生沈澄沼年八十餘重遊泮宮

咸豐三年癸丑長樂鄉金泥塢李士備年百歲　青山頭莊武生王萬壽年逾八秩重遊泮宮

咸豐四年甲寅開元鄉小溪莊周慶進年百歲五世同堂　羅松莊監生宋家坎之妻黄氏年百歲五世同堂　甘霖鎮監生沈清妻葉氏年八十歲五世同堂

咸豐八年戊午遊謝鄉大灣莊監生張夢蘭夫婦年八十五世同堂　永富鄉張澄源妻馬氏百有一歲五世同堂

同治五年丙寅茗塢莊周昌富年九十三歲五世同堂

同治六年丁卯崇仁莊州同銜裘坤年九十一五世同堂　甘霖鎮監生沈清妻葉氏年八十歲五世同堂

同治七年戊辰大有年淡山莊監生陳大德年八十五歲五世同堂

同治八年己巳上周莊鄉賓馬大名年八十八歲五世同堂以上祥志

晉

太甯元年癸未九月會稽剡縣木生如人面史異

齊

永明元年癸亥安南將軍黃僧成家雨錢數萬乾隆李志

唐

景龍四年庚戌五月丁丑剡地震文獻通考

宋

皇祐三年辛卯饑明年又饑知縣過昱賑乾隆李志

口熙三年八月浙東西郡縣多水會稽嵊縣爲甚宋史

口熙八年辛丑饑浙東常平茶鹽使朱熹賑之乾隆李志下同

朱文公至浙東理賑事疏凡五上內稱七月十八日到嵊以嵊三年連旱發米六萬八千石

慶元元年乙卯溪流湍暴城爲水所嚙存者纔二三丈

按萬歷府志作二三尺

嘉定十一年戊寅大饑知縣趙彥博賑

元

大德十一年丁未夏大旱種稑俱絶

至大元年戊申嵊大饑人相食萬曆府志

泰定元年甲子大祲乾隆李志

至正二十一年火燬縣治延燎學宮獨存明倫堂楊翮嵊學記

明

洪武五年壬子八月乙酉大風山谷水湧漂没廬舍及人畜甚衆乾隆李志下同

永樂七年己丑大饑

永樂二十年壬寅饑

宣德八年癸丑夏旱

正統六年辛酉旱蝗明年又饑

天順元年丁丑饑

成化四年戊子大旱詔民間能賑粟四百石者授七品散官服

成化十二年丙申大水

成化二十二年丙午大旱

正德三年戊辰旱

嘉靖二年癸未大旱

嘉靖三年甲申大旱福泉山裂深闊丈許今地名坼坑

嘉靖十三年甲午七月大水溪流入城平地丈餘

嘉靖二十三年甲辰大旱明年又旱斗米銀二錢道殣接踵鄉人有攜麥升夜歸輒被刼殺於道

嘉靖二十六年丁未旱

嘉靖三十三年夏六月集賢坊雨雪

隆慶二年戊辰秋大風雨溪流怒溢壞西城

萬曆四年丙子城中火望台門燬及民房百餘所

萬曆六年戊寅冬大雪

萬歷十一年癸未旱

萬歷十五年丁亥秋七月暴風連日不實盡落明年斗米銀一錢八分大麥斗六分小麥斗九分草木根皮可食者搜取殆盡餓莩塞道夏疫民死益多周志補遺云民掘蕨及葛根剝椰樹皮食之所在椰樹爲之骨立有草根畧似蒜名三十六桶以水濾三十六桶乃可食也時亦取食無遺先是連年大熟斗米銀三分大小麥視若沙礫識者已早見其有今日云

萬歷三十二年甲辰十月初八日地夜震屋舍撼搖有聲

萬歷四十四年丙辰夏旱

天啟七年丁卯秋七月二十二日暴風雨拔木偃禾大

成殿可遠樓迴峯樓化龍門樓四山閣文星亭俱圮

崇禎九年丙子自五月不雨至於九月民多饑死地中有白土爭掘食之名曰觀音粉多致壅死明年山陰劉侍郎宗周祁中丞彪佳遣諸生王朝式來嵊與知縣劉永祚議賑民賴以活劉忠介公賑嵊緣起季春有白馬山房之會偶及鄰嵊災其民菜色有不忍言者蓋自去秋不登迄於今死亡流散之狀日異而月不同勢岌岌盡矣一時諸君子相顧歎若身罹痛而莫爲之所予因商之祁世培侍御請上官督捐帑金召商轉糴庶幾米集價平官不費而民沾微息亦小康之道乎或曰官帑如洗奈何無已請以吾儕士大夫之有力者任之而終難其事卒付之慮願而已既輟會語稍稍聞之王生爾吉慨然爲諸友倡計以千金行一販而身任四之一於是遠近傳之踴躍相勸方舉事自日而社中王金如亟顧余曰嵊民死者垂盡矣幸有存者手無一錢而欲以平糴博半菽之飽此索之枯魚之肆也

請如昔年天樂鄉故事設廠爲粥以食餓者予思以一邑之衆而計口求活於二三措大之手猶西江之涓滴耳雖然士苟存心於愛物於人必有所濟必博且衆將堯舜其猶病矣因聽諸君子隨其願力爲之嗚呼口分世業之制壞而議常平常平不可得而議借販至借販不可得而又議授餐斯爲救荒之策愈苦亦愈下矣顧予思往者天樂之役郡邑諸大夫實爲士紳倡吾儕相與仰承之不過推揚德意以報成事至今一方之民歌樂只者歸之諸大夫又安知前徽之不可繼乎則吾黨今日斯舉將爲之嚆矢也聞者曰然因相與踴躍行事其條例署之金如頗悉不再具

崇禎十三年庚辰夏旱

崇禎十四年辛巳饑知縣鄧藩錫倣九年成法募賑縣境乃安

崇禎十六年癸未夏旱

國朝

順治二年乙酉五月雷震應天塔秋七月大水冬、桃李實

順治三年丙戌大旱六月城中大火十一日星隕如雨

順治十四年丁酉大水

順治十五年戊戌大水

順治十八年辛丑城中大火

康熙五年丙午秋旱至明年夏四月十三日始雨十五日富順鄉雨豆六月大水秋大疫

康熙七年戊申六月十七日戌時地震屋瓦多落三十

日亥時地又震

康熙九年庚戌三月有虎患知縣張逢歡禱嵊浦廟虎乃遁六月大風溪水溢壞城五十餘丈星子峯亭圮

康熙十年辛亥大旱

康熙二十九年庚午秋七月大水

康熙三十二年癸酉大饑

康熙四十七年戊子秋大水免徵糧十分之三

康熙四十八年己丑夏大旱竹生米會稽俞忠孫竹米記康熙己丑越不歲米價日翔長五月饑民食竹米竹米者叢竹中所生也狀粳糯差小色微紅味甘而洌埤雅云竹六十年一易根易根必花結實而枯實落復生六年成町戴凱之所云根幹將枯花蕧乃懸𥳽必六十復亦六

年是也父老云竹生花其年必旱晉元康工子巳西界竹生花紫色結實如麥其年旱唐天復甲子隴西亢陽民多流散山中竹散籽出粟饑民舂而食宋陳造竹米行有今歲麥秋旱歲餘得麥僅足償官租竹君憫農如士夫散花結實千林俱句皆旱徵也而鳳凰所食金琅玕則名竹實大如雞卵非中國所恒有田雯黔書以證竹米非是宋蔡京稱瑞作頌識者譏之今記災記祥說各不同予姑誌其略如此

康熙四十九年庚寅八月大水

康熙五十六年丁酉旱

康熙五十九年庚子饑

康熙六十年辛丑大旱野有餓莩

雍正元年癸卯饑

雍正五年丁未大水

雍正九年辛亥大旱

乾隆五年庚申六月大水

乾隆六年辛酉夏旱知縣李以炎詳請散給籽本量加施賑免被災田糧有差

乾隆十六年辛未夏大旱知縣石山詳請散給籽本量加施賑并請蠲免被災田糧

乾隆二十年乙卯夏旱知縣戴椿捐賑

乾隆三十七年壬辰夏旱知縣吳士映詳請緩徵（道光李志下同）

乾隆四十五年庚子七月大水知縣吳翹楚詳請緩徵

嘉慶七年壬戌旱知縣沈謙詳請緩徵次年知縣陸玉書勸賑

嘉慶十六年辛未旱次年署任知縣蕭馥馨勸賑

嘉慶二十五年庚辰夏旱七月大水知縣葉桐封詳請緩徵

道光三年癸未自四月陰雨至於九月禾稼不實民多饑死

道光十二年壬辰夏旱冬大雪至明年二月始霽正月寒凍尤甚木生多介新纂下同

道光十三年癸巳三四月大疫

道光十四年甲午斗米錢五百途有餓莩

道光十五年乙未大旱冬塘水溢

道光十七年丁酉六月二十八日夜忠節鄉巖馬山下有赤光如毬高數十丈頃之乃滅如是者三

道光二十四年甲辰七月初九日雷電大風雨金潭莊隄潰廬舍漂沒男女溺死者七十餘人莊外雙溪洞橋一時並圮古竹溪錢維翰捐錢二千緡築舊隄并賑之

道光二十五年乙巳地震屋舍動揺池水泛溢

道光二十六年丙午五月十一月地夜震是年大旱民

訛言有怪物如狸能攫人或從窗櫺入人皆驚懼張

網自衛

道光三十年庚戌正月風霾十餘日麥苗多枯夏大旱

八月十四日大雨次日平地水數丈舟行城堞上廬

舍人畜漂沒無算

咸豐二年壬子自五月不雨至七月冬大雪雪融溪水

始通十一月地震

咸豐三年癸丑三月初七日地夜震初八日午又震十

六日又震夏大水

咸豐四年甲寅十月廿霖鎭蒼巖等莊塘水沸

咸豐六年八月有蝗自北來頃刻蔽天七年春邑令李

維著捐廉捕蝗五月大雨遺蝻頓盡

咸豐九年己未冬至水溢　邑有獸如犬俗呼大者爲狗熊小者爲

熊白晝入村落啖畜無算或嚙小兒至死

咸豐十一年辛酉七月燕巢民家者皆啄斃其雛而去

十月初四日昏時天微雨有光如弓影見於來山之

西忽墜於山巔作青白焰高丈餘自崖而下長二三

里光明若晝越二日粵匪至

同治二年癸亥秋冬旱

同治三年甲子雨豆黑色

同治六年丁卯雨豆自後雨豆處甚多亦有似豆非豆者

同治八年己巳四月大雨蛟乘之水驟漲壞田地無算

以上志異

軼事

秦

剡山爲越面相傳秦始皇東遊使人劚此山以洩王氣土坑深千餘丈剡錄　剡即劚之謂溪山始以此得名故周志謂剡名自秦

魏

楊德祖至四明山遇兩仙人把火澗中湧金刀一頭之不見德祖曰兩火成炎炎邊得刀是爲剡字因號溪山爲剡爲銘二百字刻峯上剡錄　按漢志已載剡縣此說似不足信

唐

貞元十八年李紳遊剡至龍藏寺晝寢老僧見一黑蛇

上李樹食李復前行入紳懷中僧問曰公睡中有所見否紳曰夢上李樹食李甚美似有一僧相逼乃寤僧知非常延遇甚謹後紳爲浙東觀察使捐俸修寺耐園不借書

咸通中有客自金庭將抵明州日暮遇道士託宿山谷沖寂烹野蔬以享餓有叩門者童子報曰隱雲觀來日齋道士去客問童子答云觀去此五百里嘗隱雲中故名客驚曰尊師何日當還曰往來頃刻耳道士歸留客久住辭焉乃遣童子指其舊路行未遠失所在問歲月已三年矣天台山志

蜀許寂少年棲四明山學易於晉徵一旦有夫婦偕詣山居攜一壺酒云今日由剡縣來寂曰道路甚遥安得一旦及此心異之夫婦俱年少肰貌毅然其夕以壺觴酌許出一拍板徧釘銅釘抗聲歌莊生說劍篇俄自臂間出兩丸吹之成劍躍起在寂頭上盤旋寂驚駭尋收之飲畢就寢詰朝乃空榻也日中復有頭陀僧來寂具道之僧曰我亦其人也子能學之乎寂辭曰少尚元學不願爲此僧笑去後再於華陰遇之

北夢瑣言

宋

紹興中有方士李季憩石闌干道旁遇異人揖季曰君來何爲季曰秦太師遣往桐柏設醮請福其人太息曰秦今死矣張浚劉錡皆當起爲將相秦豈得存耶李大驚駭去比及天台則秦凶問至矣名山記

謝深甫台州人家本寒微父母賃舂以食父執某招之課子一夕賓主對飲夜半酒渴無從得水窗前有梨方熟登樹啖之羣犬環吠不敢下主人夢黑龍蟠樹爲犬所吠驚起視之乃深甫也奇其兆遂妻以女深甫得妻後始領鄉薦妻家亦貧但稍稍自給深甫草履赴省至曹娥渡與之錢少舟子不肯曰不怕汝作

轉運黜我深甫乃從他處渡至嵊縣宿古廟中祝過之厚又飲以酒深甫訝之祝曰夜夢神告我明日當有宰相來宿必官人也深甫焚香禱曰若成名當言縣官使廟貌一新果登第遂注嵊縣主簿修廟焉後爲浙漕至曹娥渡召舟子曰今竟何如舟子伏地請罪深甫笑曰吾豈果黜汝厚賜之使去曰台州秀才往來勿取渡錢也西湖志餘　乾隆李志云舊志稱深甫係縣尉又稱深甫布衣時由丹邱赴南宮嵊嶀浦廟神告以富貴期與田汝成所志又異姑兩存之

慶元庚申趙彥博夢謁一廟神曰吾廟君爲修之覺而不省所謂嘉定丁丑來知嵊邑友人李謙來訪舟宿

嶀浦夢神告曰爲我告令君可爲我修廟矣譙以告彥博矍然曰二十年前之夢今其應矣於是再爲建立趙彥博修廟記

元

會稽楊維貞字廉夫元泰定間登進士署天台尹過嵊邑清風嶺作詩云介馬馱來百里程清風後夜血書成只應劉阮桃花水不及巴陵漢水清後廉夫無子夢一婦人曰爾自造口孽固應得絕嗣報廉夫不知所謂婦人曰清風王節婦詩豈忘之乎廉夫醒悟更作長律以表其節今志所載天荒地老妾隨兵一首

是也後夢婦人致謝未幾得一子田易鄉談

明

王宗科過清風嶺同舟數十人內有蔡姓者朗吟余大昌謗王烈婦詩衆曰止有陳克冬者言爲詩者子孫尙存朗誦何傷又有許從得者曰使其靈便能顯應吾始信之未幾舟遂覆溺頃之復平則彼三人已溺死矣而衆皆無恙潘徐愛神異記

正德丙子五月邑令林誠通考績北上早行迷路忽一老人引之斜行得脫寇害忽不見林及從者憶其貌酷似陳靈濟侯像乃悉具前後功績奏請祠祀准查

未報越二十三年嘉靖甲辰乃祀 朱一柏記

舊傳象駱山下多客舍烏船集焉今山下僅有數家而所謂烏船者絕無北門外沿山宋時溪流遶此桃柳夾岸酒樓歌館綿延數里今溪流遷徙遺蹤不可復問隆慶末鑿新河深二丈許見磚砌街衢乃知陵谷變遷不可究詰也 周志補遺

國朝

雍正間德政鄉吳炳忠家蠶功成啟箔成一紙廣長五尺光彩爛然炳忠計偕入都攜共傳觀一時周藹城商寶意諸名士賦詩記其事 道光李志

黃維新穀來人甫十齡父没家貧母氏馬病危謂維新曰得笋病可瘳時積雪滿林維新攜鋤覓之見者笑其癡既晚跨籬落間果得二笋長尺餘以食母病良已延十六年人謂孝感云新纂

錢承烈居長樂鄉兄弟四人而承烈庶出自幼能順親父母鍾愛之年十六卒父亦亡嫡母盲生母以病廢烈靈不滅家人奉嫡而或遺其生母輒哭於庭弟與族治田幾入訟兄往視田若有嘯而來者兄弟悟曰訟非美事亡者蓋牖我也事遂寢弟客仙居得疾家人倏夢烈告曰弟病甚亟遣迎之次夕弟亦夢烈至

謂曰無害家遣人來矣詰明迎者至金華樓上層爲立傳道光李志

唐溪唐步霄羸疾妻張氏事之勤七年無倦志每晨禱於竈願身代夫死病益劇封股進之頓愈逾數月氏語鄰婦某日當代夫死及期方寢忽起辭翁姑慰撫其女無疾而終新纂下同

黃大數殼來人膂力絶人年四十時來山有虎數腰刃挾銃逐之虎直奔數陷於坎踢不能展數棄銃左手扼其吭右以拳搏之抵其齶虎不能噬危急間數子年十四聞父與虎持奔救之拔父腰間刃力刺虎喉

虎乃斃重三百餘斤數壽至九十八

烈婦張氏開元周慶餘妻也乾隆間建坊閭左咸豐十一年冬粵賊踞村月餘每夜邏守積薪坊下縱火達旦坊故風霜剝蝕垂八十年復遭賊火薰灼石蘇蘇欲泐未幾裂一柱全勢欹斜將圮寇靖嗣孫謀修之未果忽一夜天大雷電以風沙飛石走村社木盡拔意是坊必就傾矣詰旦視之整飭如新同治五年二月初六日事也

軼事補遺

沈三復字甫甸居德政鄉性明敏未及冠博通今古值明季遂隱不應試　國朝定鼎或勸圖進取不應晚年課子孫以德行先著有訓子十諭功過錄日新銘康熙乙亥卒年七十越百數十載其鬼猶靈咸豐初有以乩卜科名者忽書曰我爲爾祖科名事汝輩當自問奚卜爲環視群驚爲異頃之復疾書凡數十百言凜然皆訓詞已而書生前所著書無一字訛始信爲祖靈嗣是凡事皆卜請乩答如響

金石古物附

漢乙卯磚　【道光李志】明嘉靖乙卯知縣吳三畏築城鏟故址得一磚識云漢乙卯磚一本漢作劉剡長吳某記王畿築城記云吳侯築城千五百年之後而與前令姓同其築之歲又同亦奇

剡山銘　【剡錄】魏楊修爲銘二百字刻峯上

衞夫人碑　【剡錄】舊傳刻石山有衞夫人碑唐寶歷元年浙東觀察使元稹使人訪碑不獲

太平山碑銘　【剡錄】孫綽撰文

剡鐘　【晉書郭璞傳】晉元帝爲晉王時使郭璞筮遇豫

之咲曰會稽當出鏡以告成功上有勒銘應在人家井泥中得之繇辭所謂先王以作樂崇德殷薦之上帝者也及帝即位太興初會稽剡縣人陳清果於井中得棧鐘長七寸二分口徑四寸半上有古文奇書十八字其可識者會稽嶽命四字餘莫有識者按剡錄嶽命作徵命

成功嶠字

杜春生越中金石記舊傳謝元破苻堅歸鄉人榮之大書成功嶠三字刻於嶠山

僧舍古磚香爐

碑史類編嵊縣僧舍治地得一磚上有永和二字又掘得銅器似香爐有蓋蓋上有足如

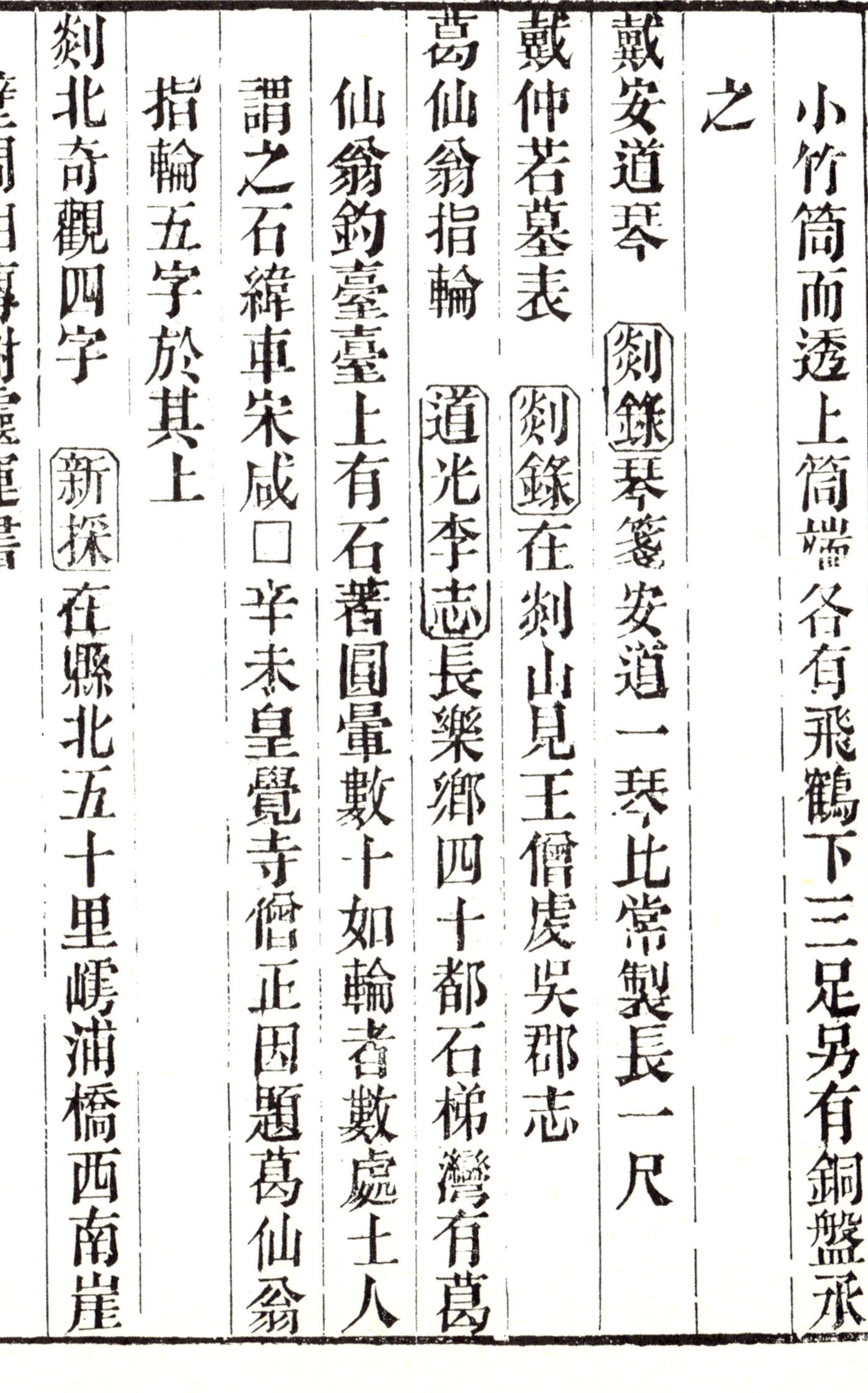

小竹筒而透上筒端各有飛鶴下三足另有銅盤承之

戴安道琴　剡錄　琴箋安道一琴比常製長一尺

戴仲若墓表　剡錄　在剡山見王僧虔吳郡志

葛仙翁指輪　道光李志　長樂鄉四十都石梯灣有葛仙翁釣臺臺上有石著圓暈數十如輪者數處土人謂之石緯車宋咸□辛未皇覺寺僧正因題葛仙翁指輪五字於其上

剡北奇觀四字　新採　在縣北五十里嵊浦橋西南崖壁間相傳謝靈運書

石牀石壁書 新採 在嵊浦廟下半里許龍爪巖康樂釣臺之上正書二十餘行相傳亦靈運所書

刻石山題字 南史齊高帝本紀 昇明末剡人兒襲祖見山上有文凡三處大石文曰北齊者黃石公之化氣也立石文曰黃天星姓蕭字道成得賢師天下太平小石文曰刻石者誰會稽南山李斯刻秦望之風也

應天塔磚 越中金石記 文曰永安二年丁功曹家又一磚文曰梁大同七年癸亥又有永元元年天監二年諸磚按前志云嘉慶時偶落半磚有永明二年四字下字模糊細審之乃丁功曹家四字則杜

氏金石記云永安似誤又一磚有梁大同九年癸亥七字磚尚完善字尤明顯杜氏作七年亦誤

金庭觀碑 〔剡錄〕齊沈約造兒珪之正書永元三年三月立嘉泰會稽志云據記稱永泰中定居桐柏嶺因地名建觀曰金庭觀命置道士十八而已爲之首蓋道士自敘之言非約所撰其謂之造者疑是後世立碑之類爾今碑重刻

褚先生伯玉太平館碑 〔剡錄〕孔稚圭撰文

許承瓢 〔真誥〕上虞吳曇得許承一瓢贈褚伯玉伯玉亡後留付弟子朱僧標歷代寶之可受一斛唐先天二年敕女貞道士王妙行詣金庭觀投龍因持以進

顧歡琴 〔剡錄〕歡隱剡山齊高帝徵至進元綱優詔稱善賜素琴麈尾

剡西玉硯　【剡錄】開元鄉民斸土値硯色下巖也渾璞溲蝕唐以前物銘曰玉在深山有道則見山耶石耶陵谷幾變嗚呼此玉不晦不炫不以知貴不以棄賤

八角石硯　【剡錄】剡丁發於破冢外背羲畫內鑿禹海越手輕爽石性已空入土老也銘曰二火一刀硯與人俱高甲乙丙丁硯與數不逃石之饕志之勞文之騷人之豪

鐵佛像　【越中金石記】文云尉遲敬德監製在城東門鐵佛寺

王右軍故宅碑　【剡錄】裴通撰元和三年二月立

龍宮寺碑 〔剡錄〕李紳撰太和九年四月立 按龍宮寺碑載於寶刻類編杜春生引阮元兩浙金石志云公垂此碑書法雄偉

贍部鎮開池碑 〔剡錄〕乙丑二月立當後唐天成四年

在惠安寺

桃源觀古鐘 〔剡錄〕世傳鐘鑵嶽祠前田池中

明心院碑 〔剡錄〕唐咨撰景祐中立

修學碑 〔宏治夏志〕丁寶臣撰慶歷八年立紹興十二年蘇復跋即刻於修學碑陰

興學五言刻石 〔嘉泰志〕丁寶臣撰在學中

剡縣孔子廟堂碑 〔嘉泰志〕何淹撰邑令高世安立在

嵎浦按碑今不存周志尙載數語

上金龍潭摩崖題字〔新採〕建中靖國元年賜紫金魚袋住持僧某題在四十二都開元鄉南山

圓超禪院靈感大士碑〔越中金石記〕鄭雄飛撰崇甯五年立

嵊縣修城碑〔剡錄〕晉晉撰宣和三年立

嵊縣學田碑〔越中金石記〕姜仲開撰在縣學紹興五年十月立

修學碑〔越中金石記〕王銍撰紹興五年立

周氏淵源堂碑〔梅溪文集〕王十朋撰紹興間立

修嵊學碑 【剡錄】周汝士撰乾道九年立

貴門題字 【新採】字刻貴門山更樓石洞上口熙九年朱熹題

方橋題字 【新採】紹熙三年長樂鄉人胡某題

嶀浦顯應廟碑 【宏治夏志】樓鑰撰嘉泰三年立按碑文云廟成於慶元六年而文撰於嘉泰三年府志作慶元六年似誤

鐵牛銅盆 【新採】嘉泰時長樂錢氏營壙上嚴里得之深谷中今猶存

二大洗 【剡錄】嘉定間吳莊漁人得之歸章氏章氏遺高似孫銘曰金兮精火兮明土兮英水兮清器兮貞

八兮聲

三足洗　剡錄周樞得之清化鄉銘曰尚古維八範模首智伊谷可陵厥用罔墮

角端爐　冰魚集開元鄉周氏有宋時角端爐　國朝樓上層作歌紀之

嵊縣遷建學宮碑　剡錄高似孫撰嘉定七年立

翠壺　剡錄嘉定甲戌冬剡丁發諸荒墟壺範簡古蘚花黛綠銅性空入手輕甚銘曰黛澤涵靈苔花布蹟金性積蜕土膏輟蝕

嵊縣新學碑　剡錄袁燮撰嘉定八年四月立

重建嶀浦廟碑（萬曆志）趙彦博撰嘉定十三年五月立

嵊縣新學碑（乾隆李志）周焱撰□祐中立

石夫人墓碑（新採）曾黯撰□祐中立在上嚴里心月菴前今改立西數十步

靈濟侯廟碑（萬曆志）俞浙撰咸□中立

松石齋硯（新採）乾隆間唐田唐氏得之花塢石塹厚三寸闊一尺長尺五寸右側有松石齋三字篆刻南石田圖章左側趙子昂題銘曰藍田石暖赤城霞鮮瞻彼明河七星在天背有連珠星篆刻御賜之寶四

字餘題字刓缺惟友仁二字可識

古硯 乾隆李志 元大德中靈慶寺僧得之頹牆下方闊五寸上三角有金紅點如星光閃鑠底有十八圓點具五色直透上面銘字古莫能識順帝至元庚辰爲廉訪使寶宗茂索去

紹興路嵊縣尹余公道愛碑 宏治夏志 方回撰大德中立至正間周宗元撰文昌祠置田記楊敬德篆蓋卽刻於道愛碑陰

王烈婦碑 兩浙金石志 徐瑞撰至治二年五月立於祠中

嵊縣重建譙樓碑〔萬曆志〕楊敬德撰至正五年立

嵊縣修學碑〔乾隆李志〕王璛撰至正五年立

重修二戴書院碑〔乾隆李志〕崔存撰一作宇文公諒撰文至正六年六月立

修城隍廟碑〔乾隆李志〕崔存撰至正六年秋立

社稷壇碑〔萬曆志〕許汝霖撰壇在縣西一里昇平鄉西嶺上至正間重修

重建二戴書院碑〔萬曆志〕許汝霖撰至正二十四年立

重建王貞婦祠碑〔杜氏金石記〕至正二十四年徐一

夔立文見始豐稿

嵊縣學碑　杜氏金石記　月魯不花篆額楊翮撰文至正二十四年九月立

蓬萊二字石刻　道光李志　在遊謝鄉蓬萊巖色青筆甚蒼古不知何時所題

嵊縣志舊序

山陰蘭亭禊剡雪舟一時清風萬古冰雪王謝抱經濟具二戴深經學奈何純曰高遜也嗚呼山川顯晦人也人隱顯天也天下多奇山川而一禊一雪致有爽氣可謂人矣江左人物如此然二戴剡王謝亦剡孫阮輩又剡非天乎漢道晉永和六百餘年右軍諸人乃識剡永和至皇宋嘉定幾千年史君升剡訪似孫錄剡事剡始有史桑欽水經酈道元註道元魏人先儒辨其北事詳南事略似孫鄞人也如其精覈俟剡人宋嘉定甲戌高似孫剡錄序

剡在漢爲縣在唐爲嵊州未幾復爲縣本朝宣和間以剡爲兩火一刀不利於邑故更今名邑舊有鄉四十後分十有三別爲新昌縣今所存纔二十七鄉耳夫州縣之名雖數變更然山川之靈蓋自若也使剡古而有志則歷代因革廢興之典百世可知也予懼夫後之視今亦猶今之視昔故爲剡録十卷録皆高氏所作凡山川城池版圖官治人物地靈佛廬仙館詩經畫史草木禽魚無所不載度此版可支百年後之人毋以印刻而輒廢斯書也宋嘉定八年歲次乙亥縣令鄞人史安之剡録序

自夏禹會諸侯於越而會稽爲名鎮自會稽爲郡而剡爲名縣降及唐宋始更剡爲嵊上下三數千年山川之流峙民物之倫類以至氣化盛衰人事得失隨事遷變而不常者非圖牒紀載後欲窺其一二可得乎哉宋嘉泰初紹興守沈公作賓與通判施君宿本圖經作會稽志剡之梗概附見其中嘉定間剡令史安之俾鄖人高似孫氏復本會稽志作剡錄而剡始爲有史距今又百五十餘年而其沿革廢置蓋有不得仍其舊者况高氏之書擇焉不精語焉不詳紀山川則附以幽怪之說論人物則偏於淸放之流版圖所以觀政理而僅舉其略

詩話所以資清談乃屢書不厭他如草木禽魚之詁道館僧廬之疏率皆附以浮詞而過其實將何以垂則後世啟覽者之心使知古今得失之歸乎予於世變之際慨念舊錄雖多蕪漏今梓就燬則一邑數千年之故無徵也因取其遺編躬加搜訪而損益之作十八卷從時制更名嵊志繕寫以藏尚俟知言之君子重爲裒正以壽諸梓與邑人共之庶來者有攷而得以續其傳焉元至正年邑人許汝霖序

古者列國各有史官掌記時事晉之乘楚之檮杌魯之春秋其義一也不甯惟是至於鄉黨閭里皆有史今天

下郡邑之志亦其小史之遺意也予令嵊之二年始得嵊志稿本顧其舛訛殘缺傳寫失真竊患焉聞之邑有錢悌者好古博學遂禮聘之假館授書治政之暇相與修緝博攷采新集舊靡有所遺適二尹古靑齊公倫協恭壽度而掌教閩中陳公烜司訓金陵王公洪福安連公銘實正訛而破疑也不逾月書成展而閱之嵊之土地風俗民物貢賦典章制度與夫名宦之政跡人才之出處節義之可以勵俗作述之可以垂後自古迄今皆於是乎載俾事無湮沒千載之下有所稽考其所係豈不爲益重者乎衆謂宜壽梨棗以傳諸永久於是各捐

已倖而樂爲之僉謂予宜序嗚呼嵊之志曠久采集多有略闕然而無有乎爾則亦無有乎爾益深有望於後之君子者焉明成化甲午縣令許岳英序

徐侯爲嵊三載於今矣民樂其仁士趨其義於是刻新志十卷起地理止藝文視人之所鶩逸者而獨加之意可謂遠於人矣鏃往來於京師去台山登天姥扣石城而西嵊爲道所必由每泛舟剡曲觸目環山未嘗不黯然而思以二戴王謝之風流願一即其嘯詠之遺處恣想而託覩焉逐昔人之履綦以爲樂顧視左右乃無所考問而止矣鬱鬱何如也今覩是編廓然若啟蒙覆何

其快意哉以鑱所遇言之志亦不可以不作也夫志有以見得失別賢否達善惡於後世於是取之宜有大者焉區區攷沿革識名山搜摘昔人之遺處以侈耳目快心意殆未足以盡志之蘊也然則志果不可以不作也周官小史掌邦國之志外史掌四方之志皆道以詔王後世始以一郡一縣爲之志而志爲一郡一縣之書不復領於王官嗚呼亦可以觀世變於是書矣侯名恂字信夫吳之嘉定人是役也屬筆於德州知州周君鄰之鄉進士夏君時震本學長教俞君成二教林君世瑞周君俅鄉士來宦共五人分掇而合編焉各盡其能而時

震實總蒞之志成侯使聽鈌吏王謐以志與幣來請爲序明宏治辛酉天台大理寺評事夏鍭序

嵊在漢爲剡縣在唐爲州爲縣志亡無稽至宋嘉定令史安之始作剡錄元編修許汝霖修錄爲志國朝洪武永樂正統景泰間朝廷遣使文移天下修志進文淵閣時則爲凡例所拘期限所迫嵊志之所紀載者未免得此失彼簡略不詳稿之存者又皆傳寫訛錯人不能遍觀盡識成化甲午令許岳英重修秉筆者匪其人收錄失當類編紊次又爲人所厭觀予與夏生雷爲庠生時輒欲筆削奈攻舉子業弗遑恒歎息焉迄今二十餘載未

有能興之者幸今徐侯尹嵊甫三載政事之餘尤惓惓於修志適予以憂制歸請與邑博俞君成司訓林君世瑞周君俅鄉進士夏生雷爲之佘以情事未伸但領人物志餘則分屬於諸君焉於是詢諸故老蒐諸遺帙各纂修之一本許編修所著者增入國家制度缺者補之繁者删之訛者正之略者因之以致詳舊者推之而爲新無非欲明教化之得失而少裨乎治道也豈直辨名物紀事變資檢閱而已哉成編凡十卷謂可鋟梓以傳後請余序諸後夫志之作也其來遠矣成周職方氏掌天下圖小史掌邦國志外史掌四方志秦有圖書漢有

輿地圖後世郡邑各紀其所有或有志無圖或以圖合志未嘗領於王官故有以非吏議所急置而不問褊邦下邑無文獻可徵此紫陽朱夫子守南康下車首詢郡志論者謂其知所務今徐侯每以修志爲急其心即朱夫子之心歟此志一出則嵊之一邑事如指諸掌可以垂之久推之遠傳之廣亦可使生於嵊仕於嵊遊於嵊者皆得以有所考信而觀感興起焉徐侯可謂有功於嵊縣有補乎世敎深達乎治體而知所務矣若或疏略之所當補遺忘之所當入又俟後之君子與爲政知所務者宏治辛酉知山東德州邑人周山序

夫嵊志之不傳也久矣志之傳自今始也先是嵊令萬公以修志請於郡守蕭公公可之迺以蕭公意請邑工部主政周公總其事旣易歲而書成適予來視嵊篆得取而觀之見其議公而覈其事簡而賅其文古而雅馴至於敘贊都邑之盛衰山川之要害賦役之繁省士習民風之淑慝尤三致意焉大都扶元氣敦正誼崇節儉拯彫瘵津津乎其有味哉言矣雖然予又有說焉令所貴於志者固以記載詳而評隲當也然究厥所以都邑盛衰孰致之山川要害孰守之賦役繁省孰裁之風習淑慝孰創之令所操耳惟令而以良稱則下之過化不

齊風草即數者咸得其理不焉者反是令之責亦要矣嗟夫起弊維風之責在令而其本在令之心繼此而令嵊者誠執是而究盛衰之原探要害之實察繁省之由明淑慝之機不責諸人而反諸己不求諸迹而求諸心吾心實見得是則行吾心實見得非則止得失不亂於中而榮辱不奪於外則庶幾令之賢乎由是而都邑不完山川不理民生不裕風俗不醇吾未之信也吾觀周公志中諸論於令之賢則揚之不賢者略之責備之意隱而不發斯固君子長者之道也余亦有事於茲土者是以忘其固陋僭有言說以俟觀風者採焉萬歷戊子

縣令王大康序

夫國有史，郡邑有志，其所由來尚矣賢厥攸繫豈淺尠哉葢所以乘載已逝而亦所以作鏡將來是故修之播之皆不可已也偉不佞居在湓陵距紹屬二千里許甫奉檄學製於紹之嵊皇皇心戰以未習聞風土物情爲慮若御者未歷程途則登車猶豫割者未見郤窾則奏刀躊躇然爾迨歲秋仲月之任適前令萬公得郡太尊蕭公可請邑工部主政周公督修嵊志業就郡尊別駕王公叙贊命梓成册將行周公舉以示偉不佞不佞捧頌徹編亟忻忻然匪徒欽其論公旨遠詞章古雅明達且也覩邑域山川圖考廢置彰地脈也覩歲時崇尚詳辨淑慝昭風習也覽則壤賦役條舉繁簡洞民情也至歷紀宦師序列選舉賢者傳之不傳者註之見具瞻有在也尋民間士女孝義烈節異蹟亦使鑿鑿畢載克非維風正俗拯今復古先德禮絀榮利至意也洋洋剡書乎惡可已也備得圖記之詳則不使向所慮未習聞者今可用以自釋博識前喆之蹟則不使雖不能至亦謹用以自鏡而知所嚮往矣然昔聖人於宰武城者首以得人問稱君子人者謂自多賢取今不佞從事茲土幸彔周公得所纂志已涉程途矣是郡窾矣猶期斯志播

遠先邇而邑有志士咸取覽觀林然猶輿則不佞將多得賢士君子若澹臺者相磨礪相規勉庶幾登車奏刀有所持挾鑿有厭覆阻折是懼矣剟繇茲風行草偃士唱民從物情嫗媮風習敦龐地脈協靈賢杰彙毓異日者且有豔載青史矣奚啻續傳蘇籛已哉此固不佞與而邑士所宜共勗以毋負周公志嵊之盛心噫嘻嵊邑有志與嵊賴之若之何其不亟播而傳之也萬歷戊子

縣令林岳偉序

刻有志自宋嘉定間高公似孫始嘉定後百七十年元至正間許公汝霖有志至正後又百九十年迨我國朝

有錢氏志弗行行夏公雷志令去夏公時又八十七年所矣先是嘉靖中繕部喻公褒余從叔别駕公震議修志業經始弗竟廢後邑令譚公禮學諭王公天和復議修志具草將付梓以授惠昌令胡公朵校閲久之又弗就廢乃卒無議志者歲丙戌郡守宛陵蕭公良幹修郡志聘太史山陰張公元忭太常餘姚孫公鑛秉筆網羅八邑掌故獨嵊志艱曠無徵曰邑不志曷爲郡志地况太守右文興四百年曠典寧當兹太守世而其所隸邑猶有以乏文獻稱者是在邦伯乃以語南城萬公民紀萬公謀之博士内江楊公繼朝吳興趙公棟速江陳公

賓乃告郡公修之報可而余小子汝登方臥病以筆札來請余謝不文請之固太史復贊成余重違兩公指更自念志不文未足深患患不公文不可強公可持夫所患者足持以免而所不可強者則亦所未足深患者明年受札既編摩累月甫半萬公考績不暇問遂巡易歲是爲戊子萬公謝職去別駕冀州王公大康來視篆王公任事無爾我請畢草時余同門友亳州李公國士由名給事僉憲浙司分鎮台越往來剡上弔王謝風流稽戶籍耗實問志謂宜急就余益殫力以圖從弟夢科宋君應光實相左右而侍御董君子行方予告家居及州

貳邢君德健鄉舉士張君向宸李君春榮時從請正又
間與文學尹君紹元汝陽王君嘉士李君德榮兄士麟
姪元齡山人錢君思棠參訂之五月稾具付梓邑貳兒
君鶚鳴經紀甫就八月令君晉江林公岳偉至更申閱
始布行焉嗟乎嵊上下數千年志錄僅三覩近且數十
年謀議莫決其艱曠如是是令太史咨嗟今一旦肇議
投艱小子卒獲潰於成以布則惟諸名公主決裁畫而
予小子幸際其逢典筆札以竊爲已效稱幸藉矣顧所
論次多謬略無以饜衆志則無如所不可強而勉所可
持獨一念耿耿在卷姑以藉手謝諸名公對往哲而俟

來許且以其艱曠若彼或庶幾已之愈云爾志凡十三卷萬歷丁亥邑人周汝登序

志猶史也惟史不能詳徧天下故廣而爲志史載妍媸俾鑑以自飭志有隱揚俾風以自興其爲功一也邑志古小史之遺尤不可廢俾宰邑者資之奏績則邑治天下之邑各有所資則天下治志豈綴圖哉丙午承剟（闕）下之邑各有所資則天下治志豈綴圖哉丙午承剟匱恐恐焉負乘是懼將稽古籍視已成爲吏事式左右以海門周公之志進見非全書又多亥豕不可讀姑束之高閣若戶口之多寡土田之陞除賦役之繁省風習之淑慝都邑之盛衰山川之要害以及城池署廨橋梁道

路之興廢茫然不知如操舟而亡其楫馭馬而失其轡倀倀乎無之矣故余於刻志蓋有志焉而未逮也越庚戌思周志以大儒鉅筆不可湮沒爲完刻其全書竣事未幾而郡大人之檄至郡大人以荆楚奇材旁求掌故於會稽鵬鷚之分雖殊而心理之符適合甚雀躍也即偕學博謝君三錫邑佐胡君玨以洎毛掾鼎鉉謀之通庠酌其操觚者僉曰袁子尚衷可請廣之得鄉俊吳君鉉州刺裘君組司戎姜君君獻暨王生心一王生國蕃王儒士國維凡七人秋七月恭致禮聘假館於尹生益之絳雪齋諸君啓訪編摩窮晝夜不輟至臘而稿成今

春催檄至乃以王子忠一袁子尙東報命又加較讐補殘刪複乃登諸簡閱其書知其紀載則守周之舊錄編次則遵郡之新條約而該詳而不濫可令宰邑者察多寡而戶口得培焉考升除而土田得理焉核繁省而賦役得均焉觀淑慝而風習得回焉知盛衰要害而都邑山川得紀焉審廢興而城池署廨橋梁道路得修焉如把楫而操舟執轡而馭馬何所之而不可吾知邑無不治凡邑皆然吾知天下無不治修志之功顧不偉歟郡檄徵序沈吟久之余愧不文也烏能序且余志乎志者今志成弗克資之奏績徒以序冠實深汗浹耳然而郡

大人搜羅百年將墜之文獻功不可泯爲述其槪云康熙十年辛亥縣令張逢歡序

越志自孫張兩太史筆削後經八十五年許簡編漫漶掌故不可稽楚中張公來守憫其殘鈌用搜討焉庚戌秋馳檄徵修志以爲於越光邑侯張與謝師氏胡贊府毛仙尉及通序諸英公推六子且旁羅不肖彼沈酣理學者有吳君鉉鍊達治體者有裘君組標鑒人物者有王君忘一馳騁古今者有姜君君獻家學淵源屬辭比事者有王君國蕃國維之數人使討論撰次秉管書青則可以不肖當此何異蚊負山蚷馳河烏能勝任哉嘗

閲世情旁觀者每嗤其當局後作者多陋其前規凡事盡然況修志乎故修志者必備三美一曰德二曰才三曰位三美備則人望所歸無遺議矣不肖夙抱羸疾近更年衰而才學識遠不逮前人又自甲申棄業唯與二三知己證學鹿山未嘗紆紫拖青覲光仕籍其得免於譏彈否安敢不辭五辭不得無如何左右諸君以勸厲事相月就館其條例則遵郡所頒本以周子之舊錄參以王子之新編間嘗旁搜他書補其不逮凡四易不肖往營先人宅兆諸君以廩給不繼亦各散去創緒未竟亥之花朝隨檄上郡寂寥旅邸兩旬買棹東歸疾漸

作掃榻焚香靜消白晝未幾催檄至諸君郵居皆懶視事不肖思士不可以鮮終無如何扶疾構思以致中暑不能起臥荏苒秋半催檄又至爲吏胥所迫強起卒業佐以補心之劑不勝請邑侯發刺延諸君惟王友國蕃來屆舍踰月其賦役一書與孝義列女仙釋方技諸傳皆其手訂繫蕆後告竣是役也諸君既懶於卒業不肖又無如何卒業於疾中觀者作者其鑒之哉康熙辛亥

邑人袁尚衷序

剡城僻介山溪在八邑中最爲褊小而縣志一書自宋明至　國朝代有纂述張闇中復延訪博雅釐緝成書

搜羅文獻去今未遠也余以辛酉季冬承乏茲土覺兵燹之餘地益貧而民愈困披覽之際雖山川疆域物產風俗依然如昔而戶口不加增賦役日益累他如城池署廨橋梁之屬有廢無興忠孝節義理學文章寥寥不概見豈作者多浮飾耶抑今昔之懸殊耶夫剡處越東鄙荒瘠素聞惟此溪山之勝夙稱擅人耳目宜其鍾靈異者不僅動植之物已也必且賢豪接踵爲於越光茲何缺略無聞哉余聞之邑之有志猶國之有史史以褒貶垂勸懲志以進退爲予奪體要雖異指歸則同必記事毋濫核實宜詳庶善善惡惡不失良史之遺今田賦

之衰益無多也風氣之沿習未變也至潛德幽芳雖不乏人或俟定評於身後或待表著於將來與爲傳疑無寧傳信與爲穢史毋寧闕文惟職官選舉略有增益故列其姓氏以俟知者之論定俾數世而下可以考吏治之得失可以徵文教之盛衰昭示來茲敢不慎歟抑又聞之瘠土之民易於嚮義激厲之氣多所奮興倘吏剡者能愛養教化返習俗於古處而邑之賢豪必且慨芳躅之莫嗣緬前徽之可師將仕者多廉節而處者尚淳龐後先興起志不勝書又安見人物風土不若曩時之盛乎余敢以吏治自勉而更爲邦之人共勉之毋使後

之操觚者徒志美於山川可爾康熙癸亥縣令陳繼平

序

宋邑令史安之訪鄭人高通議似孫作剡錄十卷本嘉泰初郡守會稽志而增之許東岡譏其擇不精語不詳周司空曰以余觀之洵乎體要然其文成一家而創始之難蕬不可泯元許編修汝霖緝嵊志十八卷汝霖見稱於景濂宋公固博雅君子應無遺議明成化甲午邑令許岳英聘諸生錢悌緝志周州刺山譏其收錄失當爲人所厭觀周司空曰既悌筆而有悌傳何也人謂錢君已耄所紀無次理或有然然許爲文令稱其采集靡

遺不可謂無功宏治辛酉邑令徐恂訪夏孝廉雷緝誌時有學諭俞成學訓林世瑞周俅分門協纂德州守周山專編人物故搜訪文獻甚詳餘姚孫奉常鑛謂其文采可觀而未剪其蕪以濫入故家記述且不脫學究也文采亦誌中一長殆未易得萬歷丁亥邑主政汝登周先生緝志十三卷以理學鉅儒手司筆削後有作者未能或先別駕王公大康序其議公而覈事簡而該文古而雅馴如言哉伯氏國楨編備考二十卷續丁亥以後事亦間補前志所遺文物典故得攷鏡焉今者五六君子分任編摩其稽典要以潤精華則袁君淛定之功有

獨勞瘁不肖附驥觀成實獲厚幸然歷攷修志之得失用是凜凜秖懼安知所撰者不卽爲所譏故不肖與袁君雖有損益亦惟闡繹舊聞守其師說以塞一時之命云爾康熙辛亥邑人王國蕃序

甚哉志不易作也非見聞博學術純者不可以操觚翰見聞不博則文藝疎學術不純則是非謬嵊志成於海門周先生沖然粹然藹乎仁人之言實而不夸正而不詭公而不偏約而不濫以發潛德之光以立生民之命編摩勞瘁兩越寒暑則周公之志不可毁也板藏於周時方鼎革周所爲兵厨頗多散佚豫章羅公以裝潢故

徙諸廛至邯鄲焦公時城中火板且燼矣更歷三令未遑補鐫歲在己酉張公來涖之三載百務具舉與邑人議曰邑不可無志志猶鑑也人無鑑無以别妍媸邑無志無以考得失且上檄時下無以供命盍刷諸僉曰諾庚戌夏始告竣則重刻之功不可忘也諸賢囑余跋其後余思刻志以傳一邑之謨其事小刻心以合先賢之志其事大今日之嵊山川如故也伏莽者投戈矣都邑如故也茂草者美奐矣土田則坍者除墈者升矣戶口則流者集止者繁矣賦役則正者存苛者汰矣而且抑奔競進操修以端士習而且黜頑囂厲勤儉以鼓民風

以至倉廒之肯構泮水之聿新橋梁道路溝渠之悉治凡志所諄諄若操左券王公大康曰邑之轉移在令令之運用在心誠哉是言以心作令以令率邑何患不如志所云則張公之心不可沒也嗟乎志之不可毁也如此功之不可忘也如此心之不可沒也又如此因跋以告後之藏是板者康熙壬子學訓謝三錫後序

嵊志自海門先生續修歷今八十五年矣物態變遷舊章殘闕一邑之士俗士風版章人物久無所考非無雅意修飭之士而留心典故主持風教者未易遇也我

朝右文勑天下修志以成一代之書郡侯禹翁張公祖

學綜今古聿振新猷檄八邑禮聘耆彥各修縣志以續府志而邑令張君玉臺愷悌宜民宰嵊五年政通人和百廢具舉乃遵憲檄採輿論延吳公鉉等六人共議纂輯又以不肖謝職投閒謬委勷理府頒凡十八條留人物公核外分條各任其實草創多出自王子國藩而潤色討論筆之削之袁子尚衷有獨瘁焉若不肖與姜吳諸子僅獻可替否綜其大略而已書成上報郡大人又命兩學司訓嚴加較讐始督工修梓眞慎厥事哉獨孝義列女收不勝收或疑其濫予以善善從長與其苛也而大美或遺毋寧寬也而片善亦紀且以誘進將來風

一勸百俾我邑士庶咸知自好於以砥礪名節也云爾書合新舊共十二卷載筆於庚戌之六月鐫就於壬子之九月也閲三載始告竣使非郡侯張公祖主持風教張父母克虔乃事安能舉數十年之曠典而維新之至於褒美餘遺而補所未逮敢以俟後之君子邑人袁組

後序

辛亥孟冬越嵊志成嵊自宋高通議始作剡錄嗣是代有修纂至明周司空而綜博精覈彬彬乎文獻備矣閒數十年曠焉莫記今郡大人張公以荆楚鉅儒刺越首檄八邑各緝志以進嵊令張君學博謝君禮聘名士續

成是編越期年乃獻余讀其書詳簡有法成一家言將授梓而郡大人復以較讐見委余謹按其文義屬魚魯者正之存疑者標注若干條以付嵊士之博雅者訂焉閱五日夜而竣竊惟郡大人嘉惠越人記其山川土俗賦役人物使後有考鏡而激勸聿彰而又兢兢詳慎不使有脫訛傳疑若此後之君子觀諸志可以知公之所以治越者矣余猥以較讐附志簡末儁李盛旦後序

古者陳詩以觀民風非文也將以云救也蓋有一方之山川則有一方之風氣土有堅弱之殊則人有剛柔之別爰命太史采知四方之風而後剛克柔克儉示禮示

各有所施使天下中正和平會歸於皇極郡邑之志亦然正欲審其堅弱剛柔以施補救爲功甚鉅不徒斷斷吏治已也嵊志集成於周夫子吾夫子抱憫時病俗之心發易化移風之論讀其書如見其人迄八十餘年陵谷變遷滄桑更易美弗彰盛弗傳惜哉幸郡大人右文檄縣輯志邑侯徵諸博雅下逮不肖亦藥籠之收溲勃也然夫子成書具在吾友袁子向衷曾與尊人同升夫子之堂能纂述其教其憫時病俗者更深易化移風者更切觀其續論與諸序意可知矣不肖雖碌碌何難因之以成哉成矣無能贊詞矣顧夫子以理學之儒專篤

例之任文獻足徵也袁子自庚戌至壬子總攬衆長爐錘今古攻苦難沒也故贅一語於後以表彰夫子與袁子之志且使後之君子由此而施其補救也嵊志成知有造於嵊越志成更知有造於越矣邑人王心一後序

辛亥獻與袁子尚衷仍周誌之後補八十五年事遵張郡侯之檄也客歲癸亥奉

上諭再輯十二年事以勷一統之盛今甲子

上諭取天下輿圖命道憲府憲俯臨郡邑攷山川之廣狹核里道之接壤繪圖以獻復輯邑志以垂永久獻思賦役如故景蹟依然無可再紀但風俗於十三年歲任

甲寅因東陽賊趙沛鄉流入西鄙蹂躪鄉邑張侯請兵討平之迄今水消山凷不無草竊人情亦多澆競然地瘠民貧勞則思善醇樸尚未漓也況當事者教化眞切民心其返醇乎故於職官外略紀災異而已青蓮曰自愛名山入剡中好事者過而問焉未至者輒以爲憾獻於山水風土萃成一賦使覽者亦如輿圖之一目瞭然可無俟跋涉也賦曰越國名山剡溪稱最嶀峰北枕上干牛斗之霄天姥南翔直抵壽星之域金鐘毓四明之秀池吞日晷鹿苑涵太白之精泉飛瀑布長鯨跨巨浪限天塹之洪波鹿胎闢性宗滙洙泗之一派秋月春光

燦矣浣花溪口朝煙暮雨漣漪兩岸湘江以故地鍾人傑眞儒則周子呂子神仙則阮肇劉晨戴顒戴逵隱士也陳侯朱子功臣哉孝子烈女代有其人有廟亭者有祠亭者穎士神童世多拔萃有文傳者有行傳者且也萬壑千巖鬱葱盤結一壑一巖皆有名流著跡焉如金庭本洞天福地時見眞人之杖履苧園乃紫府丹邱猶存稚川之井竈墨沼鵞池王右軍之獨秀也懸巖碧水王夫人之清風平雪棹艇湖子猷尚載其橋白雲潭影支遁還餘其宅竇院有百丈之巖眞珠由五豬幻化始寗八景登高見賦畫圖十里臨流浩歌石鼓插天之吻

崿浦藏蛟之穴，穴有吞舟之寵，吻巢不死之蝠，所謂虎
窟龍湫，奇松怪石，奚堪悉數，豈獨西嶺梅肥，東郊柳黯
哉。迄今俗多古處，桑麻之埜依然，斗酒聽黃鸝，化洽絃
歌，讙臚之夫莫不彈琴揮素月。邑人姜君獻後序

嘗讀一統志，凡郡邑分野、山川景蹟、風俗人物之屬，一
覽畢備。老子云：不出戶，知天下。信然。降而一州一縣，莫
不有志。一統志固州縣誌之會歸，而州縣志實一統志
之權輿也。雖然，蒐羅未備則略而不詳，考稽失實則僞
而不眞，是非淆亂則私而不公，篇帙汗漫、文詞鄙俚則
擇而不精語而不醇，甚矣志之難也。剡古無志，自余祖

似孫作刻錄而刻始有志繼此以後代不一人大率踵事增華補苴罅漏而已今天子神聖兵革偃息文教修明去年癸亥纂輯一統志責禮部檄州縣修志今年甲子上諭直省督撫繪山川形勢圖進呈直省督撫以圖畫附於志書復檄州縣修志兩年之間兩檄修志可不謂鄭重哉刻志續修於 本朝辛亥又增修於去年癸亥今甲子去癸亥僅一紀此一紀中山川景蹟風俗人物之屬可刪者無幾可增者無幾於是邑侯蔣公煒謀諸司戎姜子君獻姜子夙具史才優於著述承命增定不

日告竣余剡人也披覽剡志者久矣嘗欲倣歐陽公修五代史法使其篇帙稍減事理詳盡簡確古雅成一邑巨觀奈比年以來僕僕公車對策還里悠忽歲月著述之事有志未逮是役也邑侯董成不濡時不多派有愛民之心焉姜子秉筆寧襲故無更新有古直道之遺焉余雖不獲佐其事而樂與觀其成因謬綴數言以殿其後康熙甲子邑人高克藩後序

周禮者太平經國之書也其間版圖之貳司會掌之土地之圖司書記之形體之法遂人造之地事之圖土訓記之春卿則小史外史掌其志夏卿則司險職方掌其

圖地理之繫於治道由來舊矣後世郡邑有志即小史
外史遺意將考一方之掌故以資行省採擇以備黃圖
薈粹典甚鉅也使有倡而莫繼或廢佚而不修舊聞湮
沒徵信無從何以稽成憲而昭職守予向於庚戌歲承
之黔藩奉
旨纂修各省通志延儒開館發凡舉例予亦相與參訂
歷三載將授梓適有巡撫江西之
命未獲觀成至今猶耿耿胸臆今春來蒞兩浙案牘繁
猥會嵊縣李令重修縣志告成乞予序其首予攷嵊爲
舊剡縣山水甲於東南杜子美稱其秀異李青蓮歎其

清妙白太傅以剡爲越中眉目而王戴劉阮之事又嘖嘖人口乃宋以前無志自高似孫創爲剡録元許汝霖明許岳英夏鍭周山周汝登以志繼之　國朝張逢歡袁尚衷陳繼平繼之諸編或失則繁或失則略或失則踳駁而不純自康熙癸亥迄今六十載邑事之宜登簡牘者甚夥令兹邑者惟簿書金穀是務志乘不一寓目李令獨能以編摩自任雖仿前哲之規模實本一已之裁製約而該詳而不濫明晰而有體後之宰是邑者可以察戸口之多寡可以攷田土之上下可以核賦役之繁減可以別民風之淑慝至於山川城池廨宇橋梁道

路之屬皆可以知其險易紆直及盛衰興廢所由爲功豈鮮淺哉予嘉其留心治道與周官相吻合迴思黔志纂緝之維艱益知嵊志告竣之匪易爰因其請而爲之序乾隆壬戌中丞常安序

雍正辛亥歲浙有輯志之役大當事徵外史博資檢校嘗購宋俞瑞剡東錄而卒不可得得高似孫剡錄亦非善本云夫剡固浙之緊縣也既掌訓方宜崇典要苟徒後二戴風流王謝清放核以雕藻之致則諸若夫闚智謂之窟宅關運數之勾股則末之有逮耳矣踰輯通志一紀而縣令李君以邑志開雕夫秦漢置縣曰剡宋易

曰嵊今稱嵊志循其實也且以嵊志之難成也自宋以後一修於元四修於明若周海門尚書有良史之風內閣書目特載之　本朝康熙癸辛兩亥間亦各蕆事焉而乃書缺有間其故何也葢嵊本四山阸隘形方氏以其孤離屢有割置然而嶀嶺起伏五馬據泉屏嶶台岦柝聞甬越實自古用武之地漢樓船將軍攻東越唐張伯儀平袁晁王式平裘甫宋劉述古平方臘莫不蹂郛躪奧燬及典帙固其宜也今夫大雅江漢之詩歌詠武功然終之曰矢其文德洽此四國我　國家自康熙甲寅寧海將軍惠獻貝子殲嵊寇保溫台策勳最偉永錫

爾祉男耕婦織山高水長耳不聞金鼓之聲目不睹旌旗之狀蓋天下之太平亦已久矣是以履其土田昔何以蕪今何以闢覈其戶口昔何以耗今何以繁察其風俗昔何以悍今何以醇敷其人物昔何以渙今何以萃

泰運郅隆

聖人光宅緜緜翼翼文德覃敷召虎對揚學士摛藻志之編纂維其時矣邑雖偏隅聿昭元化甚矣令之志之勤而舉之能得其典要也豈直曰剡溪秀異欲罷不忘也耶余故應其請而序之抑聞唐鄭言平剡錄亦鐃歌奏凱之詞其又剡錄之嚆矢矣乎余且次第索覽與剡

東錄同備參考焉乾隆七年壬戌方伯張若震序
自宋宣和而嵊始名縣自嘉定間有高氏錄而嵊志始昕芽自明神宗朝有周海門編而嵊之志始通於上國後有作者難易兼之何以故夫人未有室家庶事草刱落于茫然猝不知所如往有從而垣墉之樸斲之或又從而堅茨丹雘之勤靡餘勞思已過半後之人但庚續而終之姑視其家所少者補葺而張皇之有不可者乃掃而更之則蔚乎其章矣故曰易然而日月既久時異事異見故志天文者莫先堯典然其時冬至日在虛昏中昴至宋之慶元而日已在斗昏已中壁矣志地理者

莫先禹貢而自漢以來九河迷不得路鄭氏從緯書謂爲齊桓所塞蔡氏從王横謂爲海水所漸矣蓋雖聖人之經不可爲典要已若是而况其散乎故曰難博白李君當官有幹實換縣得嵊三年而政成一切治辦百廢具舉念古之爲政者必訪於遺訓咨於故實居今日而求遺訓故實也者舍志其焉從禮載孔子之言曰古也有志下而陳代及滕之百官皆稱志曰狼瞫謂周志有之申叔時謂教之故志使知廢興以某爲邑長於斯而壞亂不修等諸覆車之轍是失一鑑也其若從政何於是置官局聘名士求遺書具筆札供糗糧費不及下成

不佞素嘗試取其書閱焉發凡起例拾遺補闕倍舊志者去之而參之以驗稽之以決疏其穢而鎮其浮正其違而治其煩考證一門彌合穀梁傳著傳疑康成知古知今之指君子謂是書也可以志矣今夫志一也合之則曰邦國周禮小史掌之若今一統志省志是也離之則曰四方周禮外史掌之若今郡縣志是也以縣達郡以郡達行省以行省達　京師備士訓誦訓之所道獻之

天子而高以下爲基則必自縣始是故爲政者亦必自縣始孔子曰與其託之空言不如見諸行事之深切著

明也則願與君交勉之乾隆七年歲次壬戌郡守周範蓮序

居恒讀書經史外喜周覽天下郡邑志得以微窺盛衰得失之故未嘗不歎志之所關綦重而載筆之不可不慎也已未受知上憲自湯溪移嵊夙聞周司空汝登志善甚索之不得僅得袁生尙衷本心竊有所未安且踰甲子又一紀矣夫紀載以資考鏡固未可聽其放佚況我 朝文教四訖惠政覃敷食舊德而服先疇者將播揚休明潤色鴻猷之不暇乃猶以愁苦怨咨之聲發爲慷慨激烈之論非可爲訓也然則今日之宣

聖化而正民心其莫亟於志乎不揣謇陋思減竈而更炊之雖然難言矣盖欲知古則考據宜精欲知今則聞見宜確兹則行笥既鮮載籍居是邦者復無識大識小成一家言用資采擇則訂僞難補偏尤難如因陋就簡苟且塞責究何足以昭典章垂軌物故稿經三易意終未愜辛酉夏檄攝山陰篆山陰爲越首邑士大夫多名山石室之藏幸不靳假觀又因田君實秬得識俞君忠孫二君皆以詩古文詞世其家遂耑任筆削欣然曰自兹可觀厥成矣爰發舊稿更番論次定爲十綱分爲六十六目發凡起例取古今名家著述仿而行之未嘗故

爲異同亦豈漫無去取要之所增者掌故所汰者繁蕪所部署者後先之序所條晰者累黍之豪縱不敢竊比於胡憲之漢書辨正石介之唐書糾繆而體裁已整規模一變則上述既往庶幾無遺恨矣惟此七十餘年之事既采摭維艱亦傳聞多異間或略近而詳遠舉小而遺大甚至仕宋仕元而冠以前明爵秩越疆越界而借爲本地風光設徇其名不核其實非惟誣一邑且將以誣天下何則邑志者郡志通志一統志之造端也嗟乎志之所關若是不其難哉而予顧任之者亦以彰教維風爲職分所當盡上以佐

聖天子文明之治次以答各上憲知遇之隆幷欲此邦人士知秀事詩書樸安畎畝者皆太和翔洽所致益勉忠愛以成敦龐之俗此所以知其難而不以難自諉也記曰琴瑟不調甚者取而更張之茲之以述兼作其有大不得已之苦衷也夫乾隆七年歲次壬戌縣令李以炎序

志與史何難乎山川區里風俗沿革一切至纖且悉振綱而網羅舉非才與學靡爲也若夫列傳人物權衡惟其識矣顧史家是非畧定處嚴密筆削人不得而掣其肘志則綜輿論而爲子孫者類能緣飾其前軌名實講

則取舍懵故視他纘排尤綦難也實秬幼束髮受書侍先君子先君子該洽善古文辭名于時太守俞公委郡志焉先君子曰是府怨我也雖然而毋屈吾筆每一傳成必以詔實秬並歷舉天下郡邑志臧否反覆提耳實秬熟而志之不忘戊午省試傥得復失獲知粤鍾山李公明年公自湯溪移治嵊于是始修謁稱弟子門下公既起嵊諸廢旋及志以屬其鄉人王瀚進士而命實秬操鉛槧其後未匝月瀚需次謝去會世講俞君忠孫倦遊歸里忠孫者鞠陵先生令子績文邃古所謂克世其家學者也亟介紹推致之與朝夕從事定爲十綱六十

四目稽類按部追源極委考證同異間或因事寓規期以兩人所稟承先世成一邑書庶幾藉手報知已也書成進于公公之言曰琴瑟不調解而更張之以進郡大夫周公周公之言曰室家草剏補苴而掃除之僉以爲勝舊本矣乃兩人愧未當也嵊故偏邑文獻尠可據曩者海門尚書號㝵叟材手輯志彬彬大雅不百年已無完書今隻字不可收拾自是而上若夏孝廉雷錢文學悌許編修汝霖高通議似孫典文益邈矣下此袁王兩前輩固以舛脫譏忠孫曰訂譌余責乎惟是六七十年來蒸俗造秀此邦人亦欲導揚厥盛實秬宜執簡俟之

久而衰不盈帙賢而才者地氣果足以限之與抑風俗之醇也毋飾美以誣其先歟忠孫誠才學猶弗敢居實柜無識强爲難者諒哉人其知之矣乾隆壬戌會稽田

實柜後序

合尹職司民社訓俗型方非徒按簿書慎出納爲目前之計必將通達古今蒐羅文獻畢政之大者而圖之庶足以彰前軌示來轍也嵊邑據越上游山川秀異井壤交錯其地瘠而不貧其民樸而好禮越州八邑中素稱易治維嵊志自乾隆壬戌修輯後距今又八十餘年其間典禮之修明制度之沿革民人物產之滋豐文[illegible]節

義之建豎日新月盛積而彌多使佚而不紀何以彰前軌示來轍乎李君令嵊之三年政通人和百廢具舉爰取舊志重加裒輯爲門四十爲卷一十有四約而能該詳而有體郁郁乎備歷朝之掌故爲剡水之典型矣抑予又有望焉者嵊之先賢勳名如王謝經術如二戴著述如姚令威理學如周海門皆南紀之英也嵊之名宦賑饑之如過昱抑豪强如陳著築城禦寇如吳三畏濬河治堤如朱一柏皆慈惠之師也使嵊人砥行立名追嗣前徽樸而愿者從事乎孝弟力田秀而文者陶淑乎詩書禮樂則嵊之風俗日醕矣官兹土者本良法美意

之舊遺深高山景行之仰慕文物典章各求其備因革損益務得其宜俾政教覃敷化行俗美則嵊之吏治日上矣然則是志之修非特爲嵊人高曾之規矩實宰嵊者百世之鞶鑑也其所裨豈淺尠哉予奉　命分巡浙東於井疆戶口之登耗士習民風之隆替每於僚友中悉心體訪以期因地制宜化民成俗茲覩李君是書綜一邑之典章編摩而考鏡之方志也即治譜也洵可謂舉其政之大者歟故因其請而樂爲之序道光八年歲次戊子浙江甯紹台兵備道南海李可瓊序

古者太史陳詩以觀民風小史外史掌邦國四方之志

詩以別風俗之貞淫志以詳山川田賦民風物產之屬胥於是乎在此志不可以不作也嵊志始於宋高似孫剡錄元許汝霖明錢悌夏雷邑令譚禮周司空遞修之而周本爲最善　國朝張君逢歡李君以炎重加纂修自乾隆初迄今八十餘年闕焉未備者尚夥李君果亭來令是邑懼其事蹟散佚迺延致紳士博采舊聞成志十四卷而屬序於余余謂作史之難莫難於志剡志郡邑紀風土備掌故尤在擇精而語詳於舊所未列者廣之舊所濫入者芟之且古今分野之殊度山川之易名城郭之建置典章之因革人品之淑慝使不徵古籍訪

黎獻將何以信今傳後李君是志以儒林賅道學以經籍別藝文以封誥歸仕籍武職附之例嚴矣而崇學校標殊勳編詩文彰苦節抑又備矣其他山川支派形勝扼要户口田畝忠孝隱逸諸門無不折衷至當博而要覈而詳其去取有非舊志所及夫嵊固山水之區也勢接江湖界連台越由剡溪而上嶀山嵊山峯巒環列雲霞縹緲樹木櫹槮而艇湖諸水蜿蜒噴薄扶輿鬱結之氣蘊秀鍾焉是以高人碩士如許元度戴安道王謝諸人往往𦙍屣風流歌詠自得非以其地美而俗醕歟余守越郡嘗攷風習之相沿其士秀而文其民樸而勤入

邑中惟嵊鮮案牘易於化導繼自今其必使士崇實學民益馴良務本業銷獄訟以仰承　聖天子敎化涵育之至意是則守土者之責也願與李君共勉之道光八年歲次戊子秋九月知紹興府事雁門馮濤聘序

周禮小史掌邦國之志卽今之一統省志也外史掌四方之志卽今之郡縣志也然則一邑之志實爲一統省郡志之權輿顧可聽其年久散佚文獻無徵歟嵊爲漢剡縣東控台甯西通婺暨南連新邑北毘會稽介兩郡六邑閒山川秀異原隰衍沃人民商賈之富庶土宜地力之豐饒習尚儉樸風俗醕厚洵東越之奧區也唐鄭

言著平剡錄皆鐃歌奏凱之詞無關典要宋俞瑞剡東錄舊志已稱購不可得嘉定間高似孫本會稽志作剡錄雖高簡有法而去取失宜元許汝霖始改錄爲志闕前明一代凡四修成化志成於錢悌而有悌傳宏治夏雷譏其收錄未當因就許志而增之嘉靖時復修於邑令譚禮未就萬歷間始有周海門先生志綜博精覈載入內閣書目洵稱善本至國朝一修於康熙時張君逢歡再修於乾隆時李君以炎迄今又八十餘年其間官師之職守典章之沿革物產之蕃殖科目之加增若不亟爲蒐輯坐使聞見就湮荒遠莫續誰之責歟式圖